그림 오현균

한성대학교에서 서양화를 전공하신 오현균 선생님은 동식물, 자연에 관심이 많아 과학 관련 작업을 많이 했습니다. 현재 한국출판미술협회 회원이며, 프리랜서 일러스트레이터로 활동 중입니다.

'천하무적 공룡 백과', '시튼 동물기', '한국사 편지', '쇠똥구리와 만나요 들판에서', '파브르 곤충기', '어디 어디 숨었니?', '지구 동물들, 안녕?' 등 많은 도서의 그림 작업뿐만 아니라, '풀무원', '청정원' 등의 광고 작업, '삼성 에버랜드 몽키밸리', '롯데월드' 등의 포스터 작업, '지구를 지켜라', '귀천도' 등의 영화 작업을 하셨습니다.

교과서 그리기 과학 3·4학년

그림 오현균

1판 1쇄 발행 2016년 2월 17일
1판 2쇄 발행 2016년 3월 7일

펴낸이 김영곤 **펴낸곳** ㈜북이십일 아울북
교육출판팀장 신정숙
책임개발 이장건
글 및 편집 윤용석 김은영
디자인 min
아동영업마케팅 안형태 김창훈 오하나 유선화

출판등록 2000년 5월 6일 제10-1965호
주소 (우 10881) 경기도 파주시 회동길 201(문발동)
전화 031-955-2167(영업마케팅) 031-955-2157(기획편집) **팩스** 031-955-2177(팩스)
홈페이지 www.book21.com

ISBN 978-89-509-6295-1   74400
책값은 뒤표지에 있습니다.

이 책 내용의 일부 또는 전부를 재사용하려면 반드시 (주)북이십일의 동의를 얻어야 합니다.
잘못 만들어진 책은 구입하신 서점에서 교환해 드립니다.

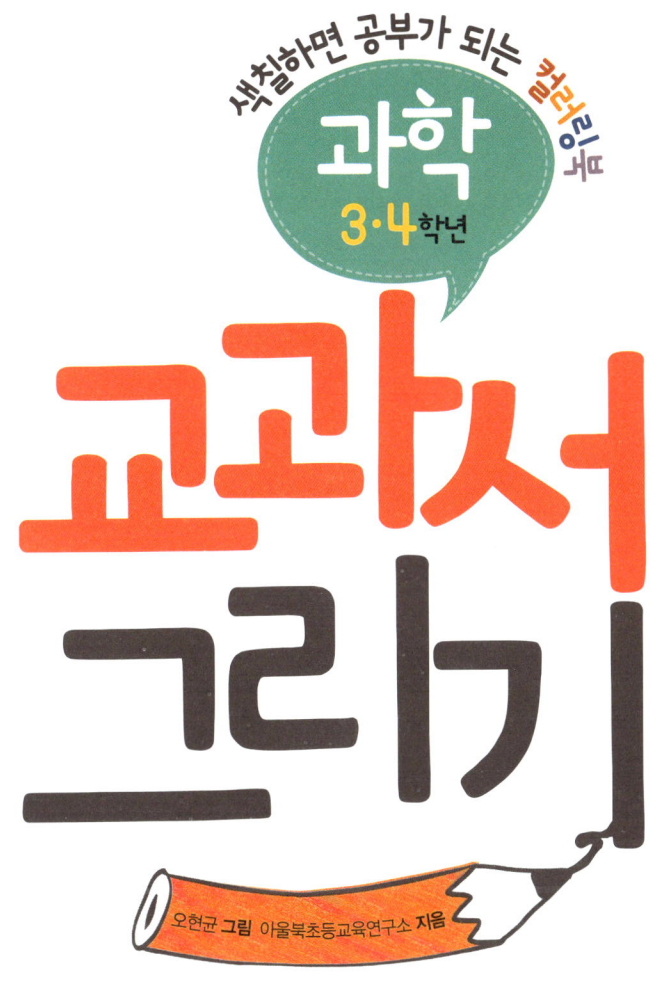

색칠하면 공부가 되는 컬러링북

과학 3·4학년

교과서 그리기

오현균 그림 아울북초등교육연구소 지음

색만 칠했을 뿐인데
교과서 속 개념이 머릿속에 쏙!쏙!

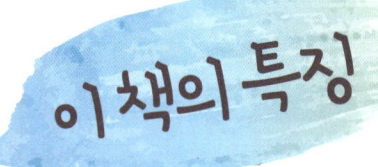 이 책의 특징

3, 4학년 과학 교과서에 나오는 중요한 주제 32개를 컬러링할 수 있게 구성했어요.

생명, 지구, 물질, 에너지 4개의 영역으로 구분되어 주제별로 쉽게 찾을 수 있어요.

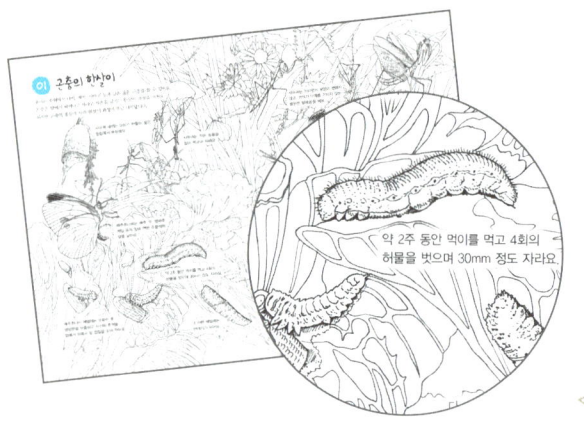

명칭이나 꼭 알아야 할 개념을 콕 짚어서 정리했어요. 컬러링을 하면서 개념까지 한 눈에 알 수 있겠죠?

Tip 굵기가 가는 색연필을 이용하면 더 섬세하게 색을 칠할 수 있어요.

Tip 모든 면을 다 칠하지 않아도 괜찮아요. 중요한 개념에 해당하는 것 위주로 칠해보세요.

Tip
두 가지 이상의 색을 이용해서 덧칠해 보세요.
더 다양한 색을 표현할 수 있어요.

Tip
교과서를 함께 보면서
색 칠하면 더욱 좋아요.

작가님의 컬러링 샘플이에요.
정말 실물 같죠? 여러분도
개성 있게 잘 표현해 보세요.

친구들이 컬러링한 것도 볼까요? 아니! 이거 진짜 교과서 아닌가요?
재미있게 색을 칠하다 보니 자연스럽게 개념도 이해할 수 있게 되었네요^^

차례

PART 1 생명

01 곤충의 한살이   02 동물의 암수   03 새끼를 낳는 동물

04 알을 낳는 동물   05 우리 주변의 동물

06 땅에 사는 동물과 하늘을 나는 동물   07 강과 호수에 사는 동물

08 바다에 사는 동물   09 식물의 자람   10 식물의 한살이

11 우리 주변의 식물   12 식물의 잎   13 산과 들, 높은 산에 사는 식물

14 강가와 바다, 사막에 사는 식물

PART 2 지구

15 흙의 작용   16 물에 의한 지표의 변화   17 지층과 암석

18 화석   19 화산   20 지진   21 지구와 달

PART 3 물질

22 물체와 물질 **23** 액체의 부피  **24** 기체의 부피

25 혼합물의 분리 **26** 물의 이용과 상태 변화

PART 4 에너지

27 자석과 물체  **28** 여러 가지 소리 **29** 무게재기  **30** 수평 잡기

31 빛과 그림자 **32** 거울

PART 1
생명

'생명'에서 배워요

우리 주변을 둘러 보세요. 땅도 있고 하늘도 있고 강과 호수, 바다도 있지요.
또 높은 산과 넓은 들도 있어요. 이곳에는 생명을 가지고 있는 수많은 동물과 식물이 살고 있답니다.
어떤 생물들이 있는지, 또 어떻게 살아가고 있는지 색을 칠해가며 알아볼까요?

색칠하면 알 수 있는 것들

01 곤충의 한살이
02 동물의 암수
03 새끼를 낳는 동물
04 알을 낳는 동물
05 우리 주변의 동물
06 땅에 사는 동물과 하늘을 나는 동물
07 강과 호수에 사는 동물
08 바다에 사는 동물
09 식물의 자람
10 식물의 한살이
11 우리 주변의 식물
12 식물의 잎
13 산과 들, 높은 산에 사는 식물
14 강가와 바다, 사막에 사는 식물

01 곤충의 한살이

우리는 주위에서 나비, 매미, 사마귀 등과 같은 많은 곤충을 볼 수 있어요.
곤충은 알에서 태어나고 자라고 자손을 남기는 한살이 과정을 거쳐요.
하지만 곤충의 종류에 따라 한살이 과정이 조금 다르답니다.

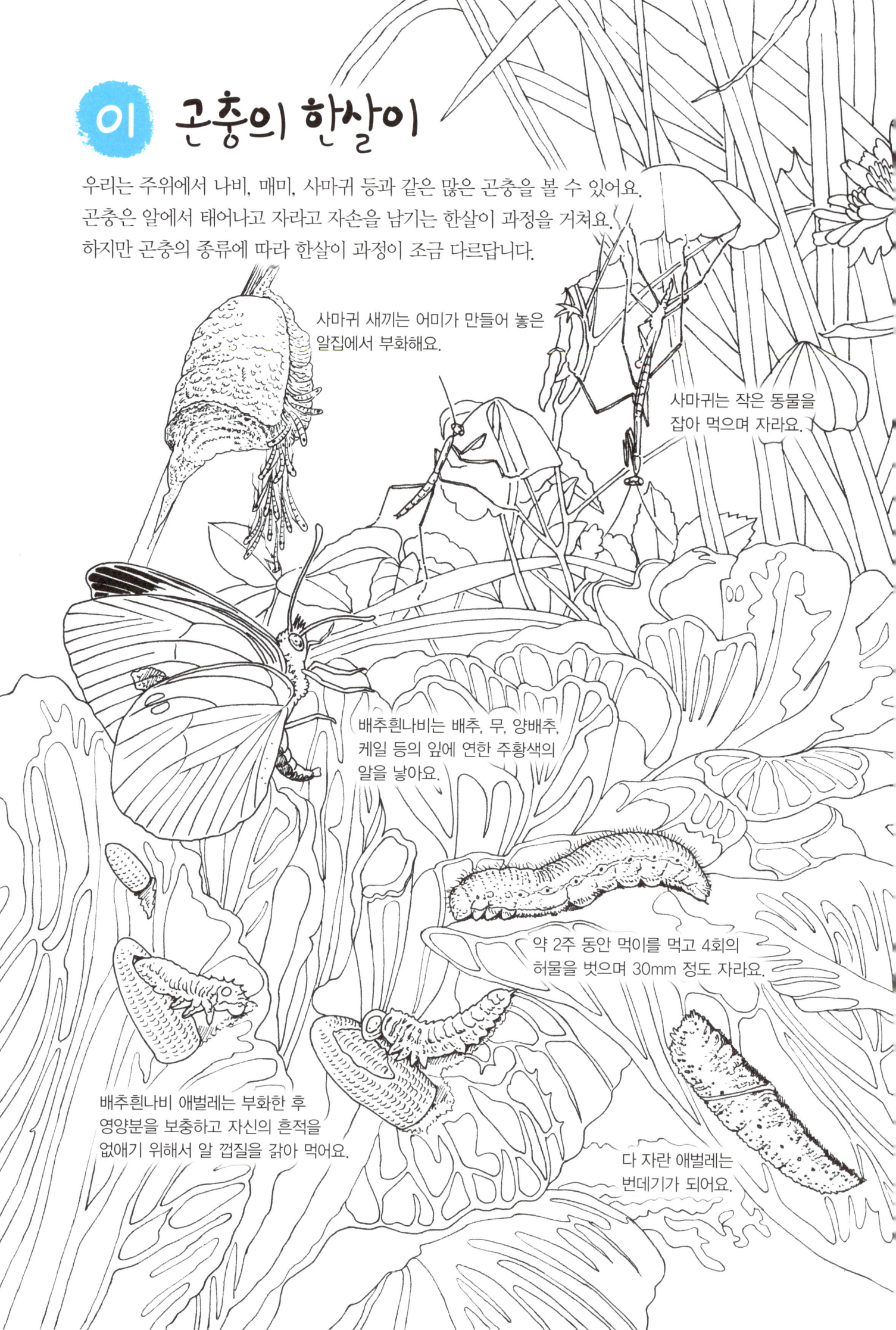

사마귀 새끼는 어미가 만들어 놓은 알집에서 부화해요.

사마귀는 작은 동물을 잡아 먹으며 자라요.

배추흰나비는 배추, 무, 양배추, 케일 등의 잎에 연한 주황색의 알을 낳아요.

약 2주 동안 먹이를 먹고 4회의 허물을 벗으며 30mm 정도 자라요.

배추흰나비 애벌레는 부화한 후 영양분을 보충하고 자신의 흔적을 없애기 위해서 알 껍질을 갉아 먹어요.

다 자란 애벌레는 번데기가 되어요.

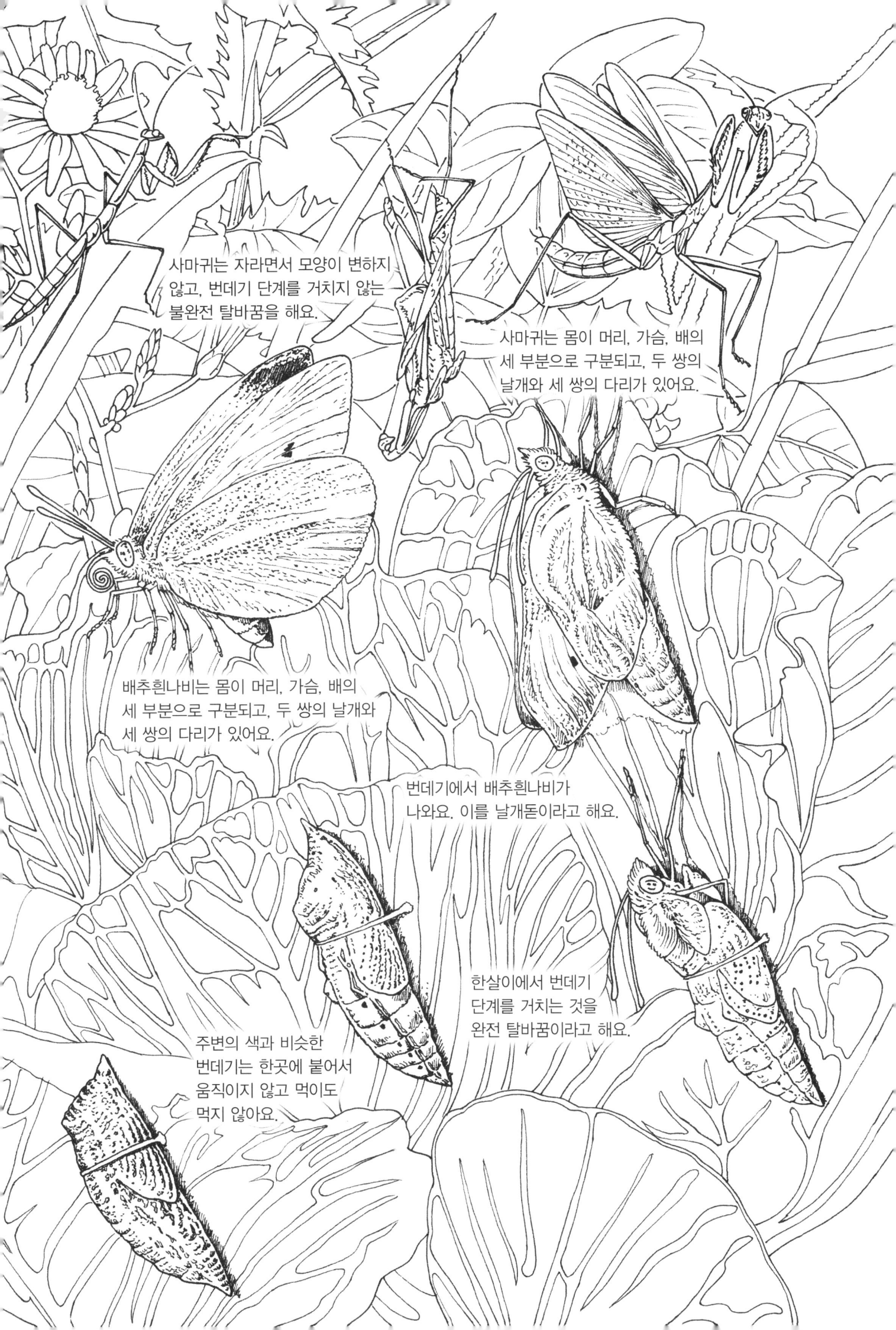

02 동물의 암수

사람도 남자와 여자가 있는 것처럼 동물도 암수가 있어요.
동물 중에는 암수의 구별이 쉬운 것도 있고 어려운 것도 있어요.
알을 낳고 새끼를 기르는 과정에서 암수가 하는 역할은
환경에 따라 다양하답니다.

북극곰은 수컷이 암컷보다 크기가 커요. 수컷이 홀로 새끼를 돌봐요.

두루미는 암수 구별이 어려워요. 암수가 함께 알이나 새끼를 돌봐요.

깃털 색깔이 화려한 것이 원앙의 수컷이에요. 암컷은 깃털 색깔이 수수하지요.

가시고기의 암컷이 알을 낳지만 알을 돌보는 것은 수컷이에요.

거북은 짝짓기를 할 때 수컷이 암컷의 등에 올라타요.

03 새끼를 낳는 동물

새끼로 태어난 동물은 어미젖을 먹고 자라며 이빨이 나기 시작하면서 먹이를 씹어 먹어요. 새끼의 모습은 어미와 닮아 있고, 다 자라면 짝짓기를 하여 다시 새끼를 낳지요.

고래도 새끼를 낳아요. 고래의 새끼는 어느 정도 자랄 때까지 어미젖을 먹어요.

돼지와 토끼도 새끼를 낳아 젖을 먹여 키워요. 어미와 새끼가 비슷하게 생겼고 몸이 털과 가죽으로 덮여 있어요.

어린 강아지는 눈을 떠 사물을 볼 수 있고 귀가 열려 소리를 들을 수 있어요.

갓 태어난 강아지는 눈이 감겨 있고 귀도 막혀 있어요.

04 알을 낳는 동물

새는 둥지에 딱딱한 껍데기로 싸여 있는 알을 낳아요. 거북이나 뱀은 딱딱하지 않은 질긴 껍질로 싸여 있는 알을 낳고, 개구리는 물렁물렁한 알을 낳지요.
이처럼 동물의 종류에 따라 알의 모양, 색깔, 단단한 정도가 다르답니다.

어미 닭이 알을 품은 지 약 21일이 지나면 병아리가 부리로 단단한 껍데기를 깨고 나와요.

병아리는 솜털로 덮여 있지만 자라면서 솜털이 깃털로 바뀌어요.

뿔논병아리는 둥지에 딱딱한 껍데기로 싸여 있는 알을 낳아요.

개구리 알은 투명한 우무질에 싸여 있어요.

올챙이가 자라면 뒷다리가 먼저 나와요.

앞다리가 나오고 꼬리가 짧아져요.

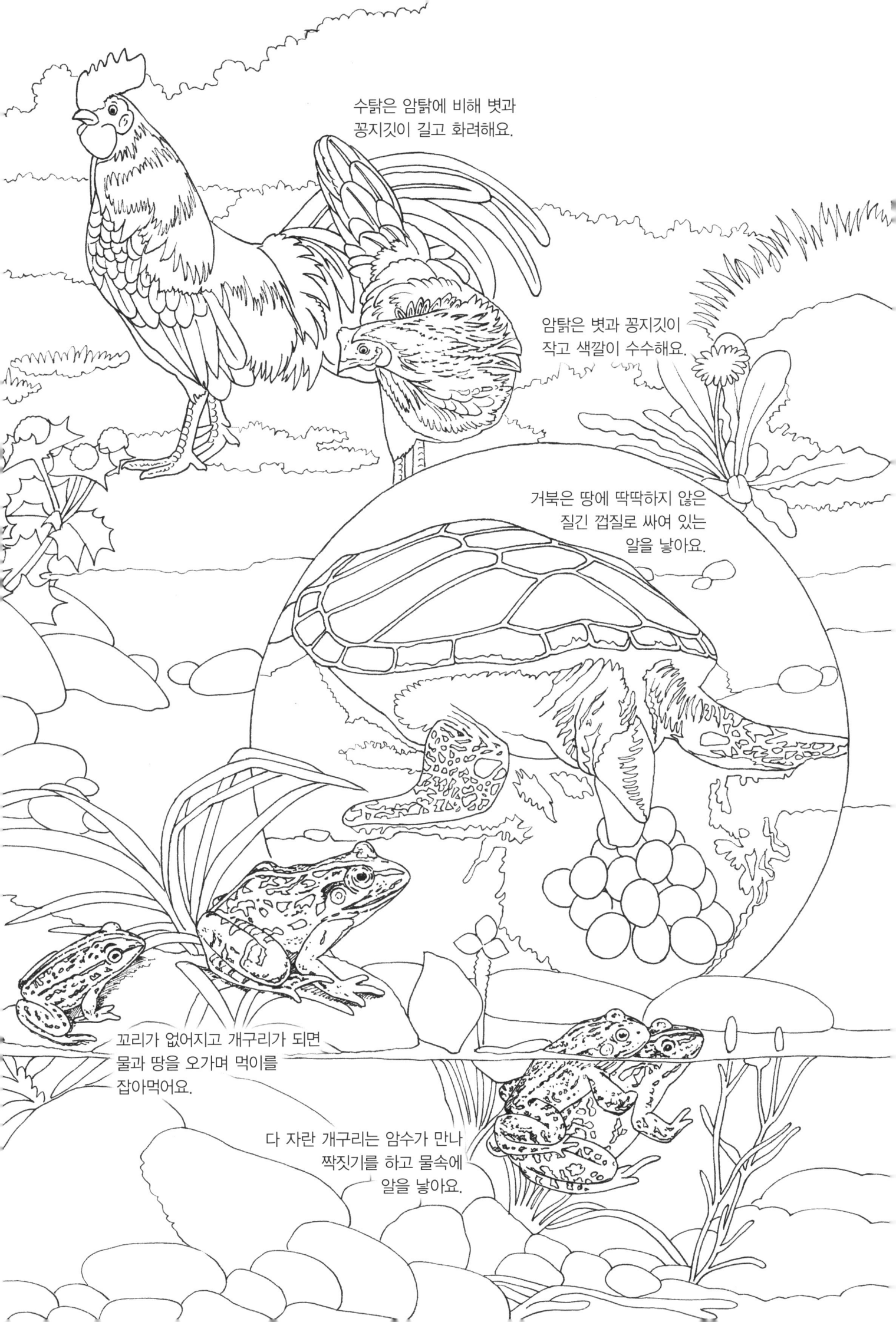

06 땅에 사는 동물과 하늘을 나는 동물

땅에는 땅 위에 사는 동물, 땅속에 사는 동물, 땅 위와 땅속을 오가며 사는 동물이 있어요. 사슴처럼 큰 동물도 있고, 개미처럼 작은 동물도 있고요. 새와 곤충, 박쥐는 날개를 이용하여 하늘을 나는 동물이지만 몸의 일부가 날개로 변해 하늘을 나는 동물도 있어요.

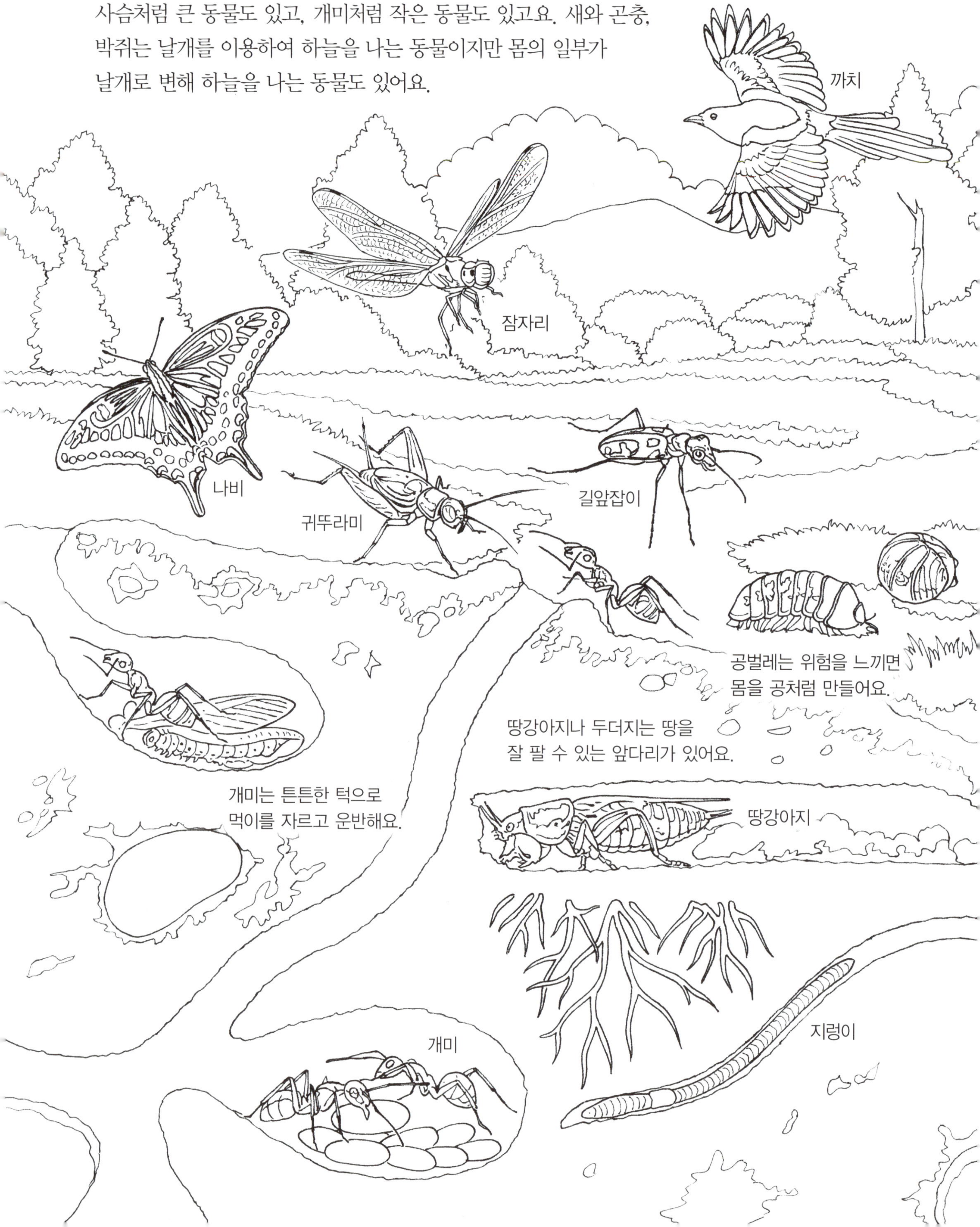

까치

잠자리

나비

귀뚜라미

길앞잡이

공벌레는 위험을 느끼면 몸을 공처럼 만들어요.

땅강아지나 두더지는 땅을 잘 팔 수 있는 앞다리가 있어요.

개미는 튼튼한 턱으로 먹이를 자르고 운반해요.

땅강아지

개미

지렁이

07 강과 호수에 사는 동물

물이 있는 곳에는 다양한 동물이 살고 있어요. 물은 동물에게 살 곳을 제공하고, 물속에 사는 동물은 다른 동물의 먹이가 되기도 해요. 물을 마시기 위해 다양한 동물들이 모여 들기도 하지요.

왜가리는 물가에서 날카로운 부리로 물고기, 개구리 등을 잡아먹어요.

물방개는 뒷다리로 헤엄을 쳐요.

물자라는 등에 알을 싣고 다녀요.

붕어

납자루

조개는 아가미로 숨을 쉬고 도끼 모양의 발로 이동해요.

다슬기

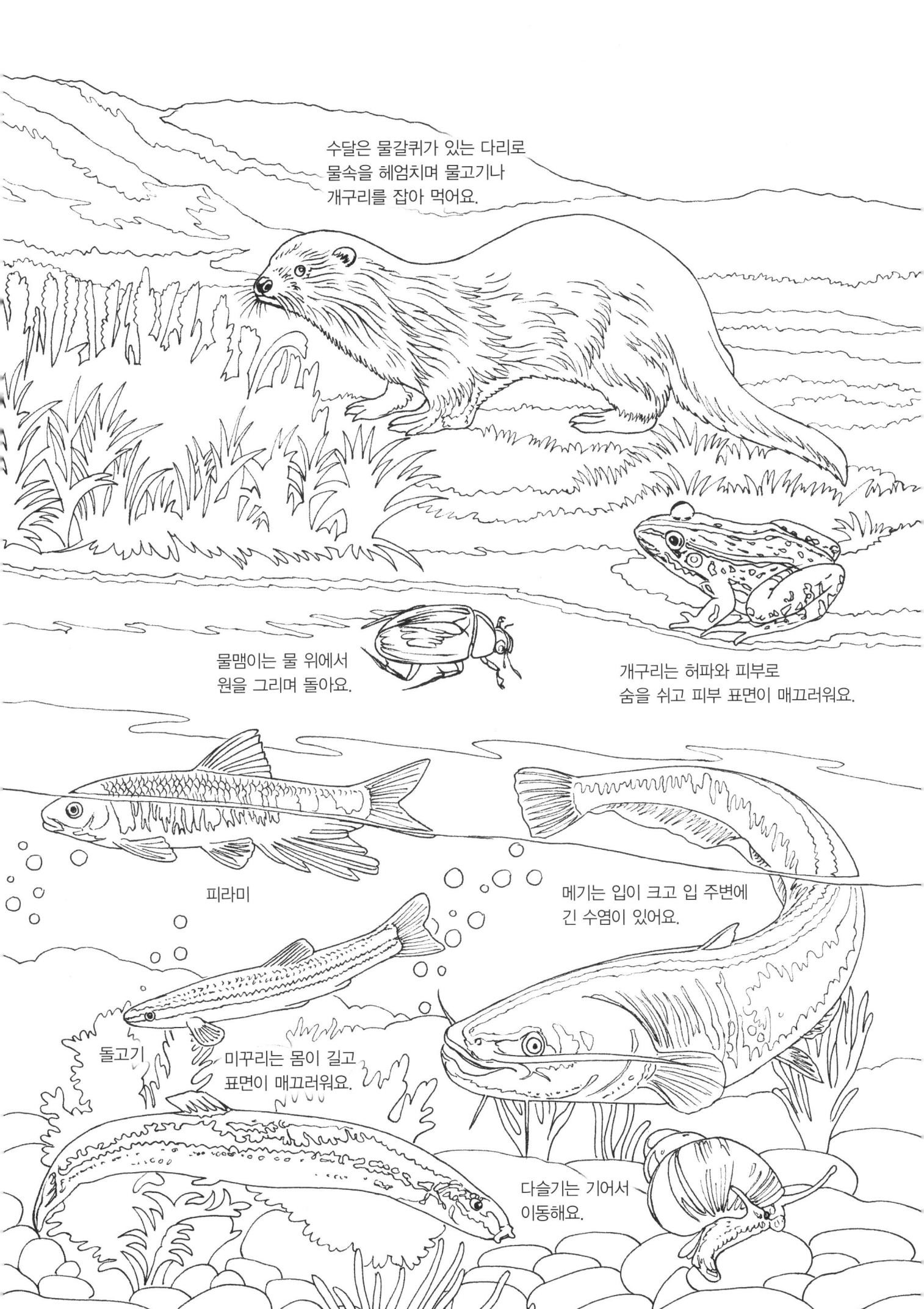

08 바다에 사는 동물

바다에서 동물이 사는 곳은 갯벌에서부터 깊은 바닷속까지 다양하고, 도요새와 갈매기처럼 바닷가의 하늘을 나는 동물도 있어요. 바다는 어떤 동물에게는 집이지만 어떤 동물에게는 먹이창고랍니다.

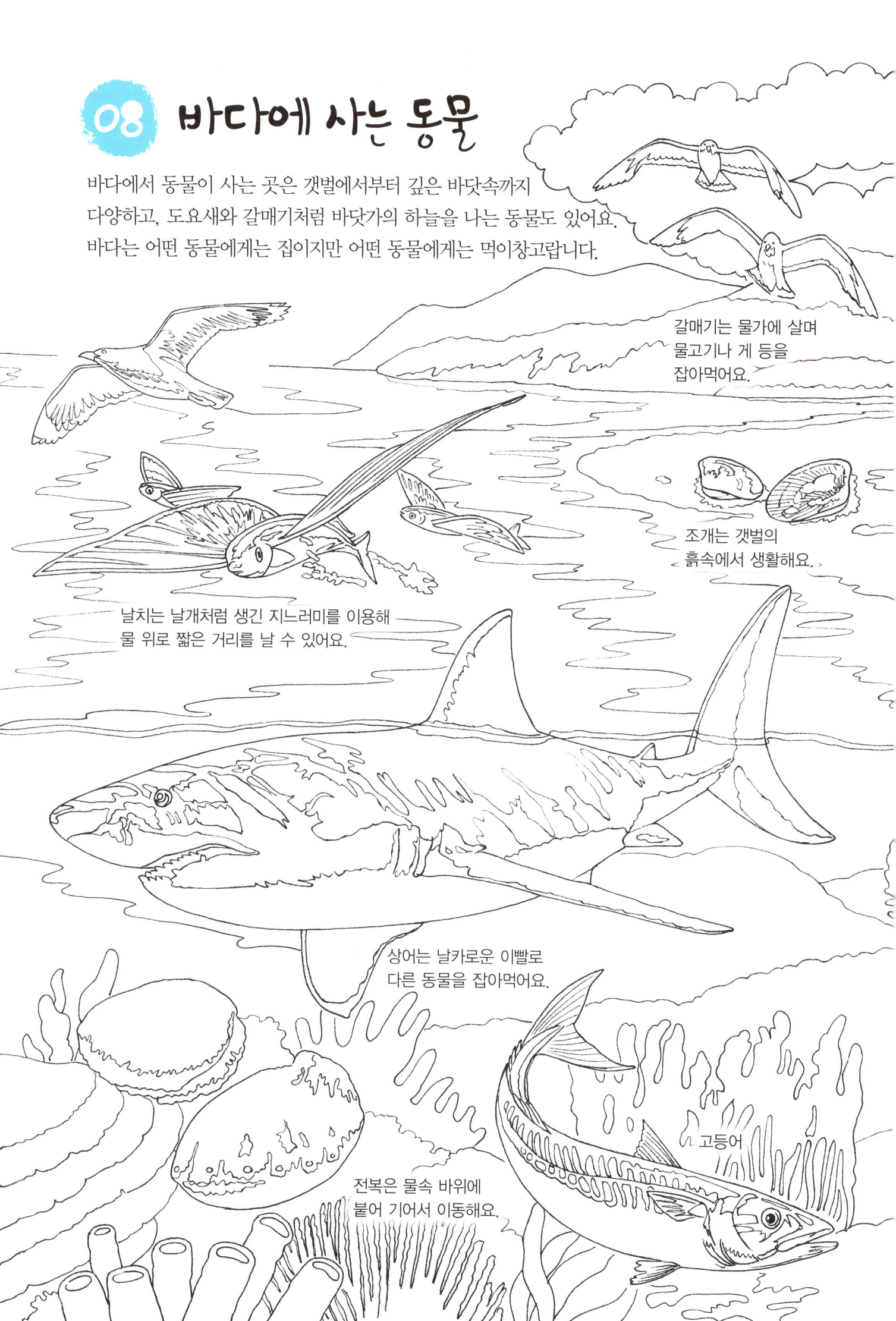

갈매기는 물가에 살며 물고기나 게 등을 잡아먹어요.

조개는 갯벌의 흙속에서 생활해요.

날치는 날개처럼 생긴 지느러미를 이용해 물 위로 짧은 거리를 날 수 있어요.

상어는 날카로운 이빨로 다른 동물을 잡아먹어요.

전복은 물속 바위에 붙어 기어서 이동해요.

고등어

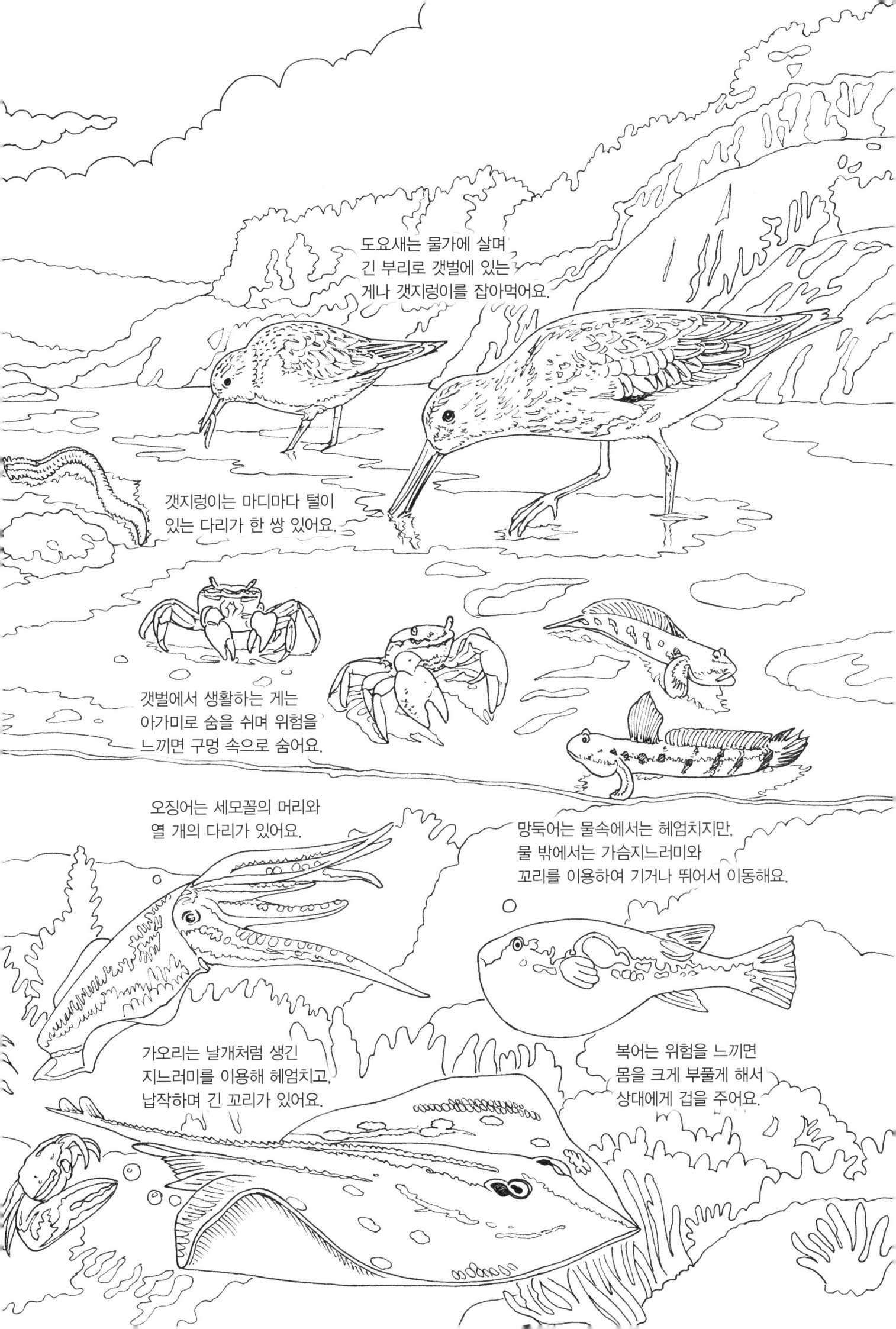

09 식물의 자람

햇빛이 잘 드는 땅에 구멍을 파고 씨를 심은 다음에 물을 주면 며칠 뒤에 싹이 터요. 그리고 줄기가 길어지고 잎이 커지며 큰 식물로 자란답니다. 식물이 잘 자라기 위해서는 충분한 물과 햇빛이 필요해요.

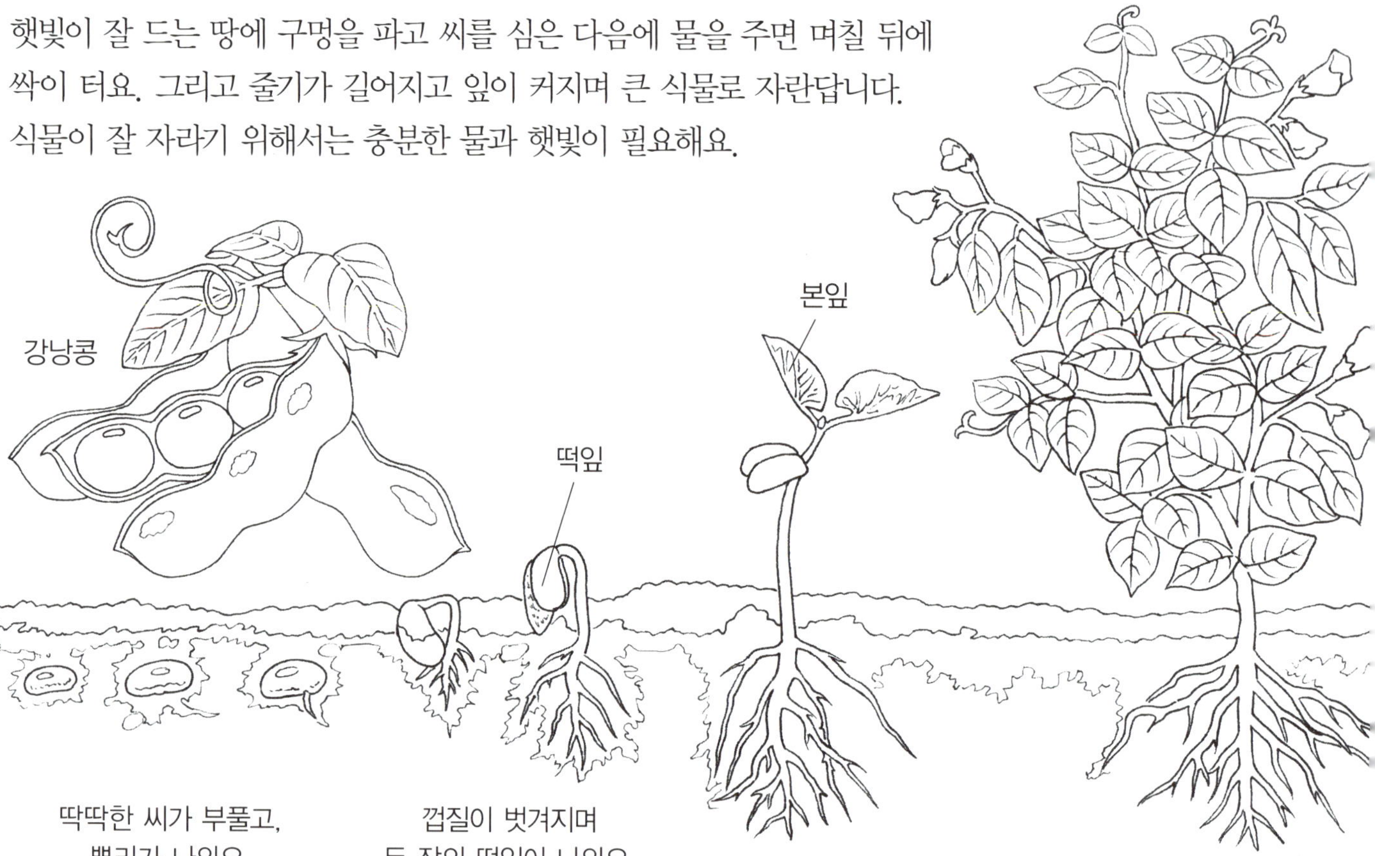

강낭콩

본잎

떡잎

딱딱한 씨가 부풀고, 뿌리가 나와요.

껍질이 벗겨지며 두 장의 떡잎이 나와요.

떡잎 사이로 본잎이 나와서 자라요.

줄기가 자라고, 잎이 커져요.

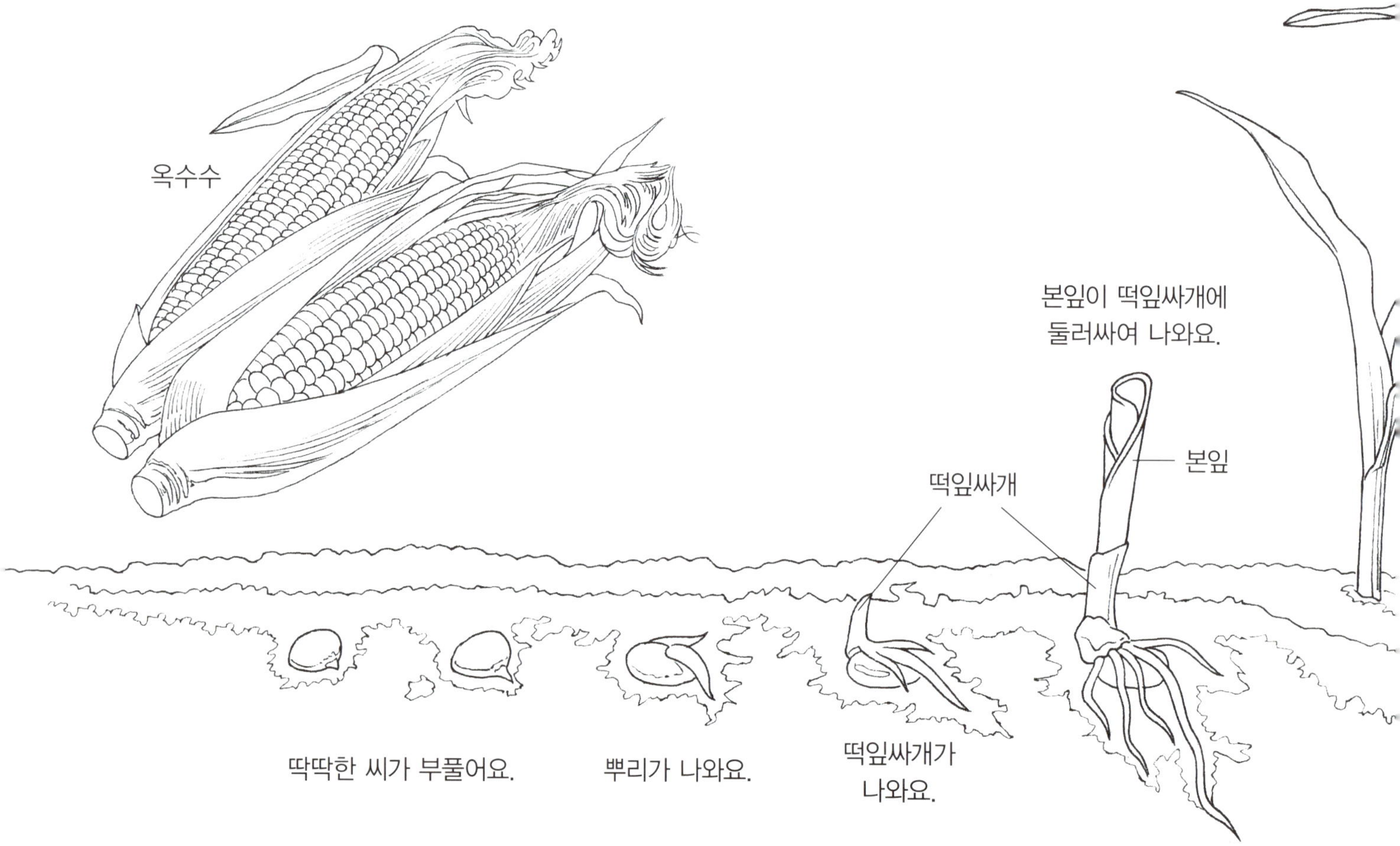

옥수수

본잎이 떡잎싸개에 둘러싸여 나와요.

떡잎싸개

본잎

딱딱한 씨가 부풀어요.

뿌리가 나와요.

떡잎싸개가 나와요.

10 식물의 한살이

땅속에 씨를 심으면, 씨가 싹 트고 잎과 줄기가 자라 꽃이 피고 열매가 맺혀요. 열매가 땅에 떨어지면 열매 속의 씨가 싹 터서 다시 자란답니다. 이처럼 식물은 씨에서 다시 새로운 씨를 만드는 과정을 반복하며 대를 이어가요.

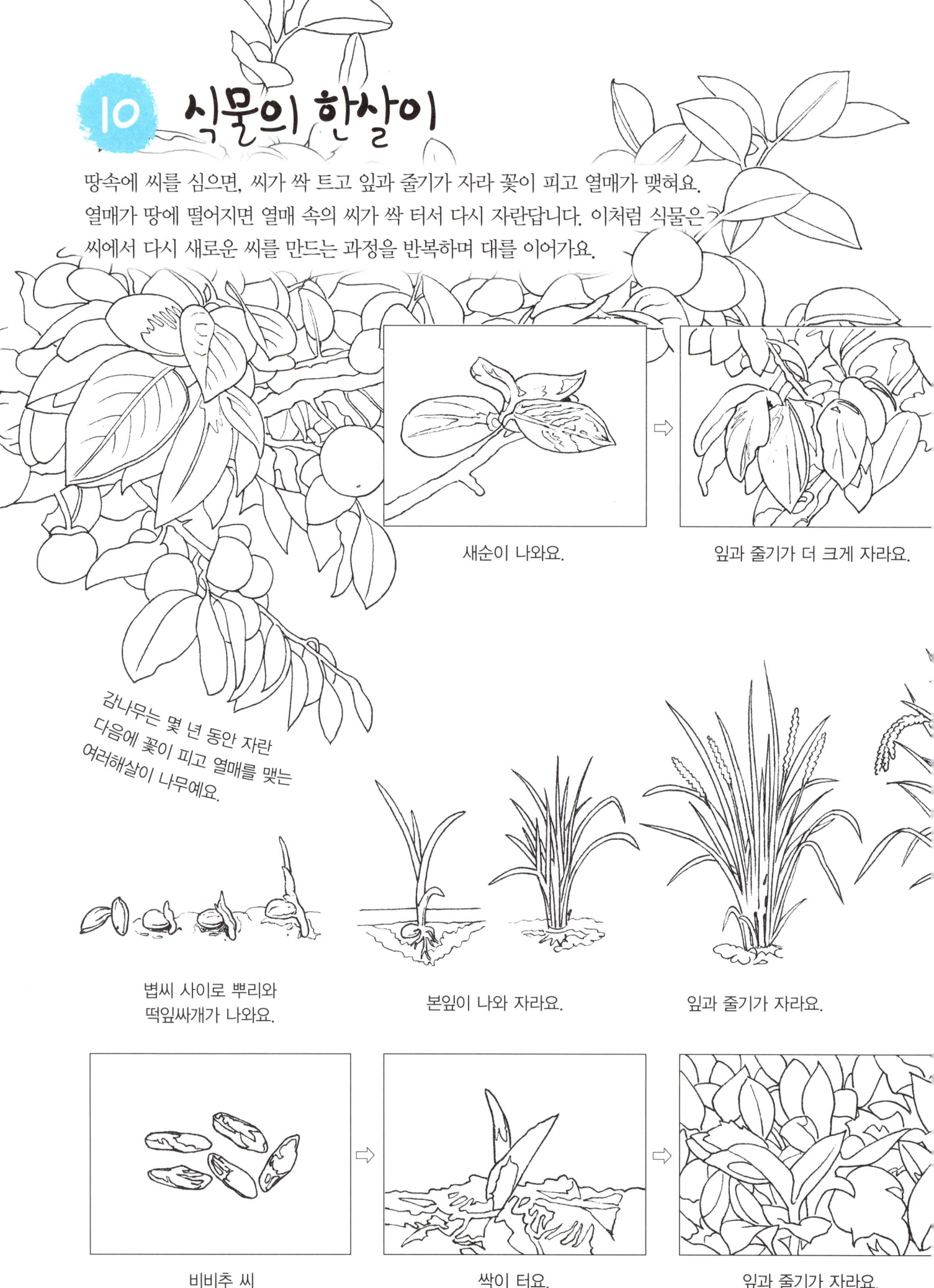

새순이 나와요.

잎과 줄기가 더 크게 자라요.

감나무는 몇 년 동안 자란 다음에 꽃이 피고 열매를 맺는 여러해살이 나무예요.

볍씨 사이로 뿌리와 떡잎싸개가 나와요.

본잎이 나와 자라요.

잎과 줄기가 자라요.

비비추 씨

싹이 터요.

잎과 줄기가 자라요.

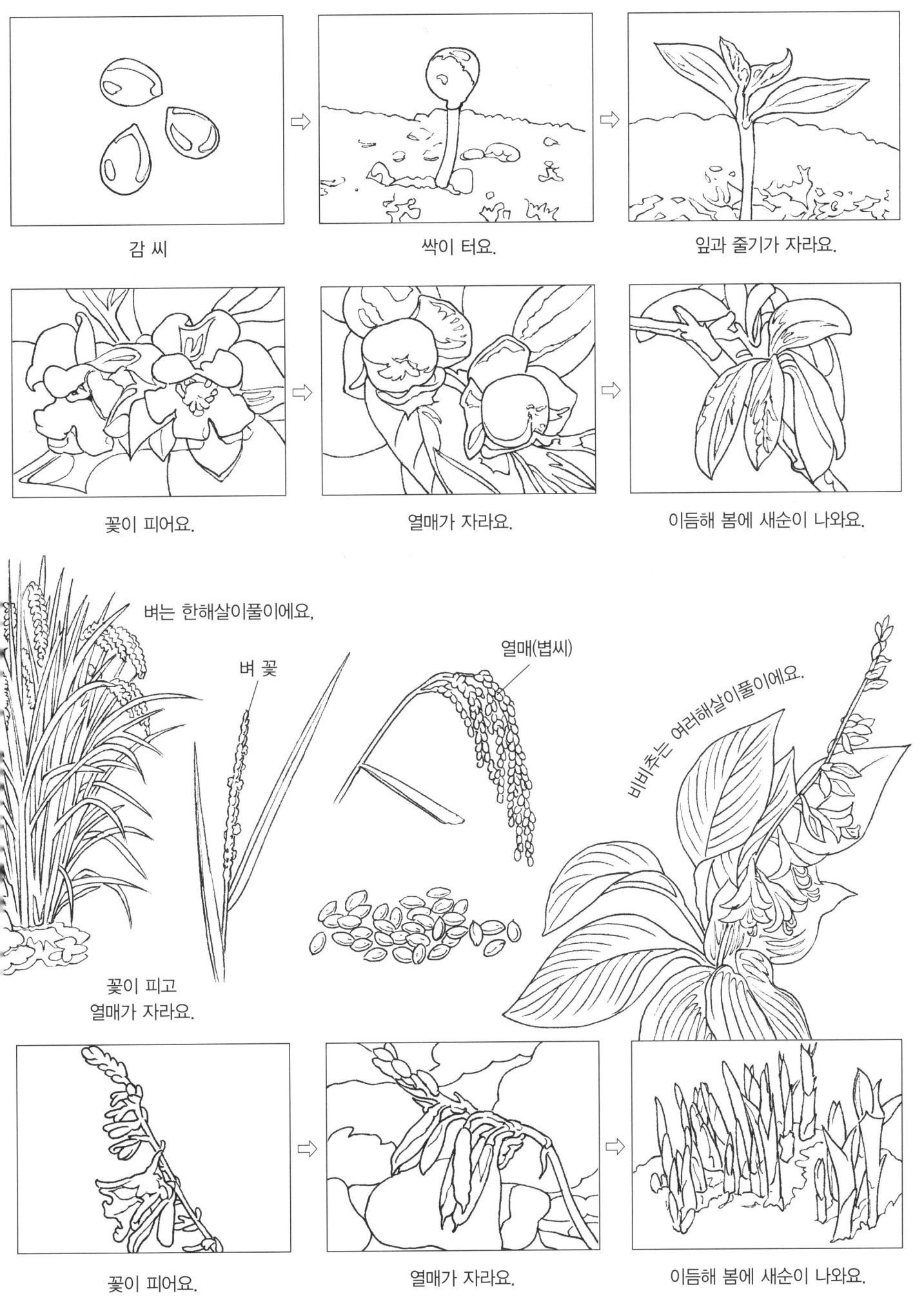

11 우리 주변의 식물

학교 주변의 화단이나 숲에는 여러 가지 식물이 살고 있어요. 식물의 종류에 따라 크기, 색깔, 냄새 등의 특징과 생김새가 달라요. 또, 햇빛이 잘 드는 곳, 숲 속, 연못 주변 등 서식 환경에 따라 식물의 종류가 달라진답니다.

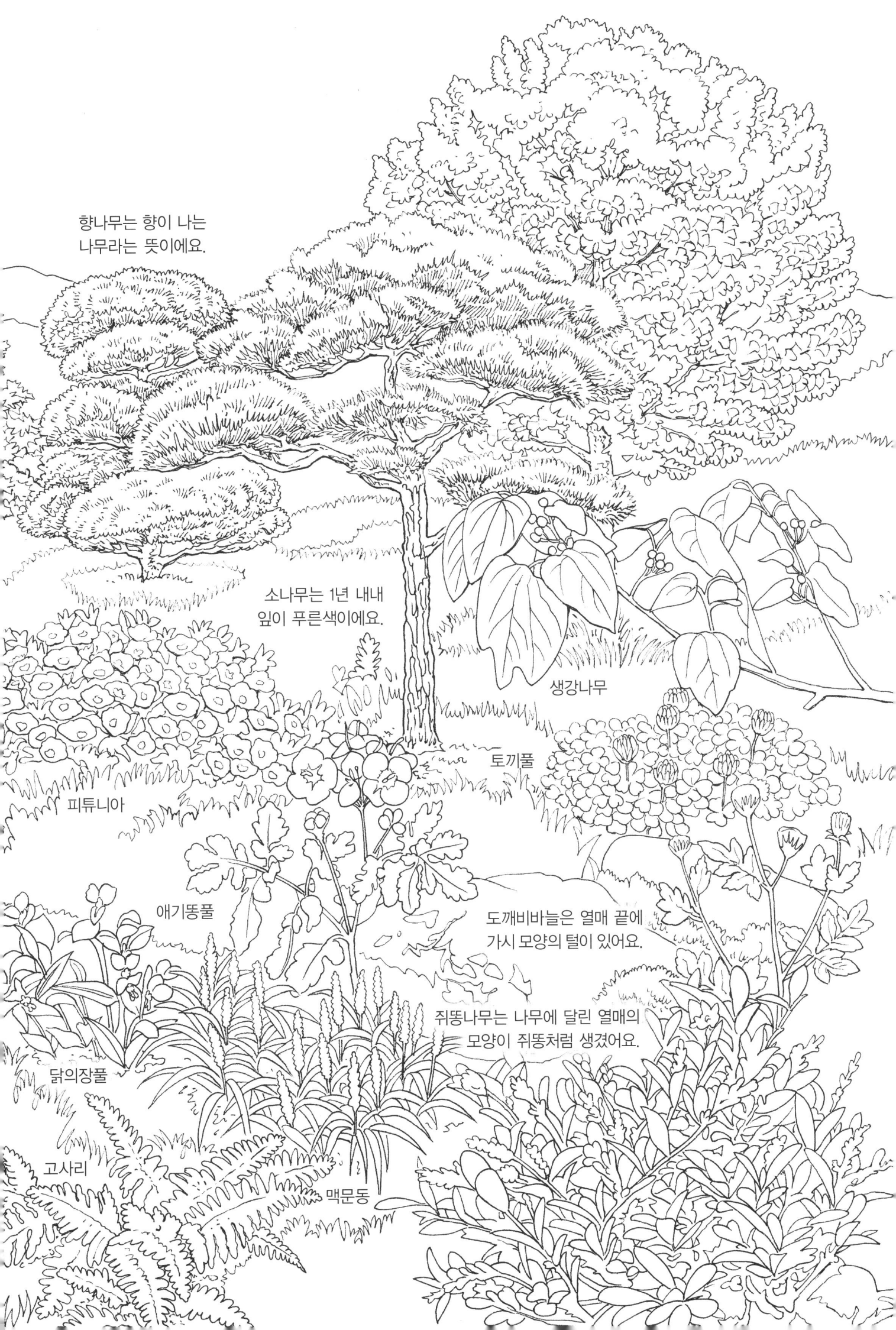

12 식물의 잎

대부분의 식물은 잎이 있으며, 식물의 종류에 따라 잎의 생김새가 달라요.
따라서 잎의 모양을 보면 어떤 식물의 잎인지 알 수 있어요. 식물의 잎은 생김새에 따라
모양이 좁은 것과 넓은 것, 잎이 한 장인 것과 여러 장인 것 등으로 분류할 수 있어요.

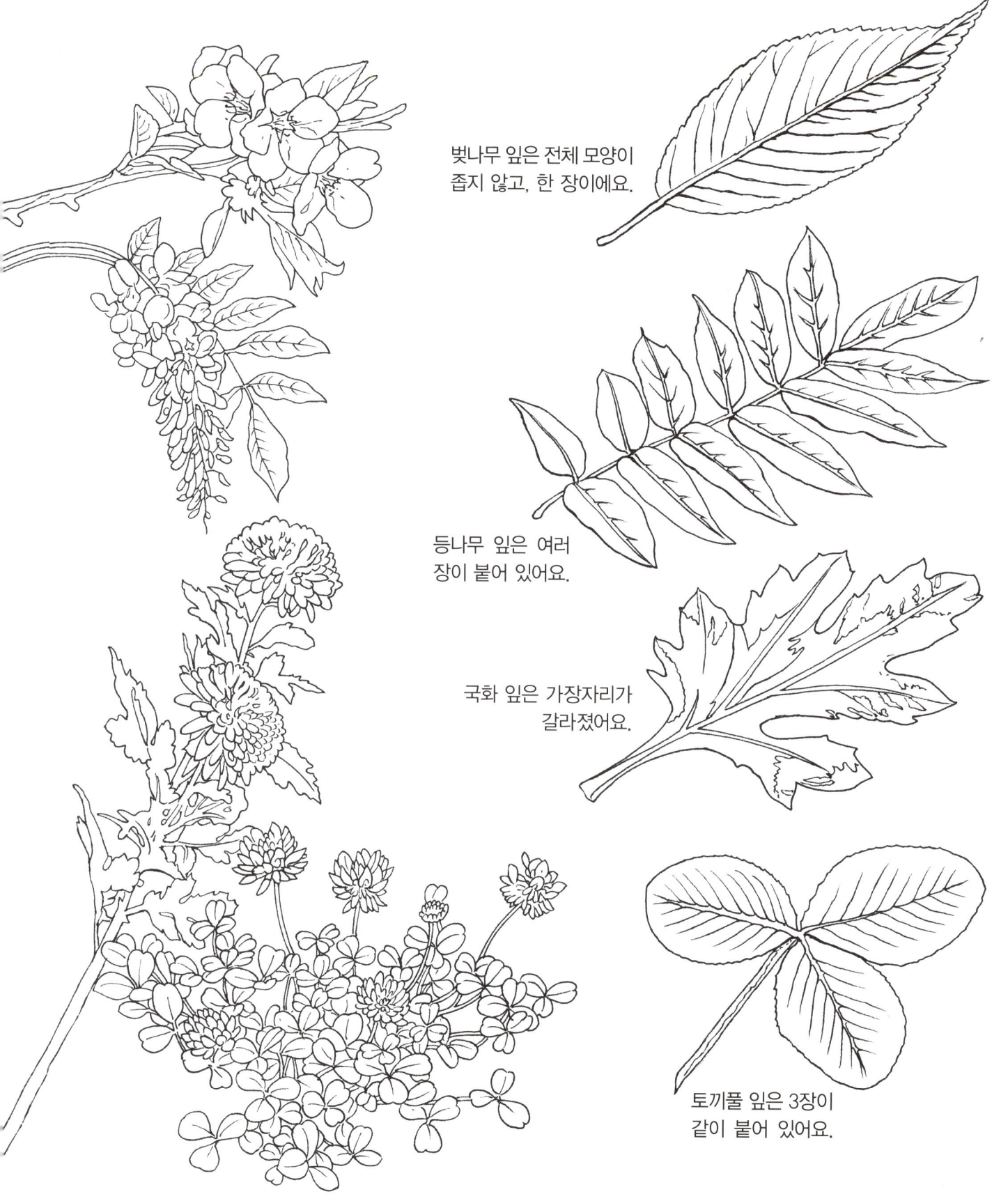

벚나무 잎은 전체 모양이 좁지 않고, 한 장이에요.

등나무 잎은 여러 장이 붙어 있어요.

국화 잎은 가장자리가 갈라졌어요.

토끼풀 잎은 3장이 같이 붙어 있어요.

13 산과 들, 높은 산에 사는 식물

들에는 주로 작은 풀이 많이 살고, 산에는 주로 큰 나무가 많이 살아요.
풀은 한해살이 또는 여러해살이 식물이지만, 나무는 모두 여러해살이 식물이에요.
바람이 많이 불고 추운 높은 산 위에서도 여러 식물이 산답니다.

두메양귀비

산솜다리

눈잣나무, 산솜다리, 두메양귀비는 높은 산에서 살아요. 바람에 견디도록 줄기가 짧고 뿌리가 땅속 깊이 뻗어 있어요.

눈잣나무

명아주

토끼풀

단풍나무

민들레

민들레, 토끼풀, 명아주, 강아지풀,
단풍나무 등은 들에 살아요.

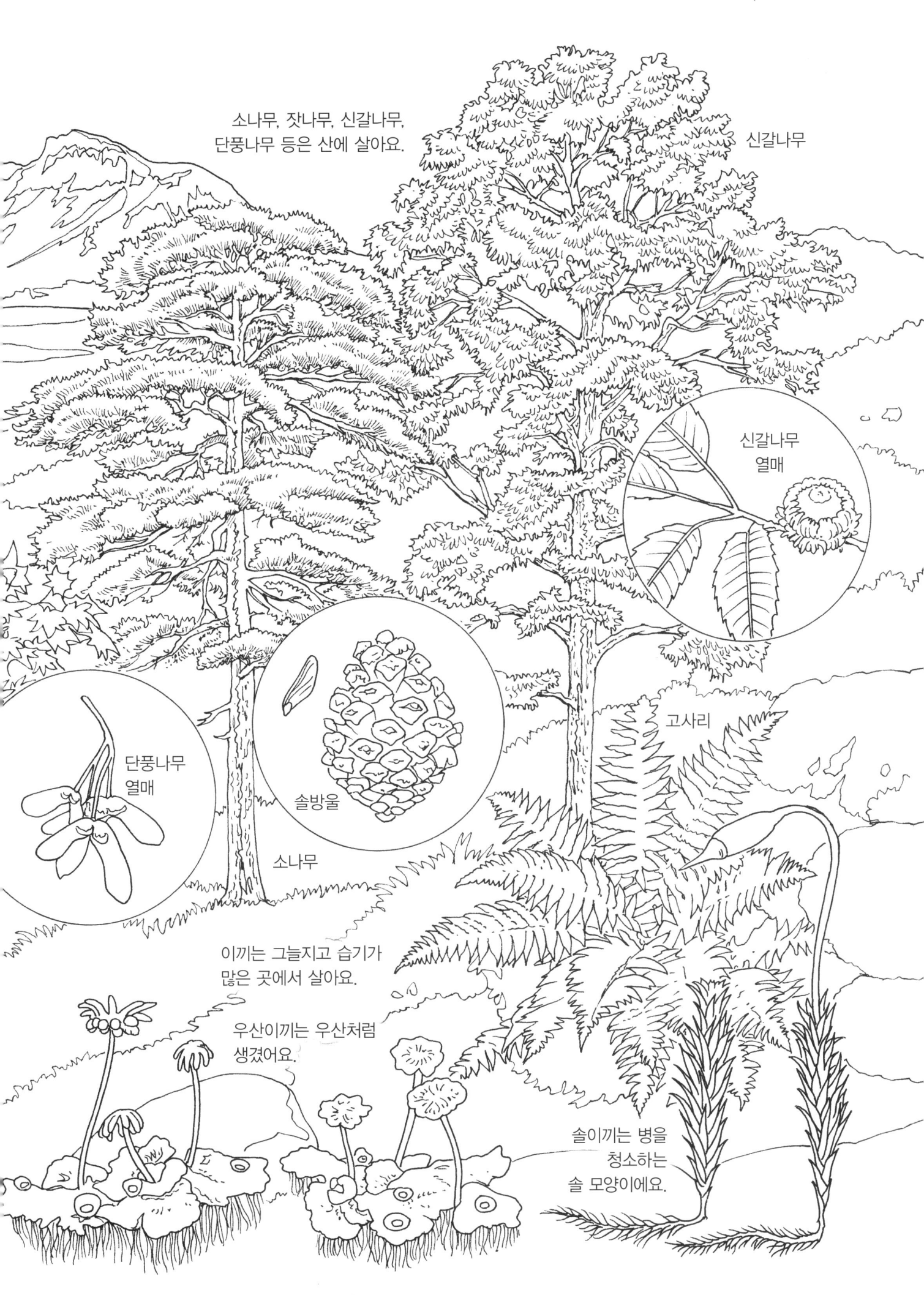

14 강가와 바다, 사막에 사는 식물

강가나 연못에는 물 위에 떠서 또는 물속에 잠겨서
식물이 살아요. 바닷물이 드나드는 갯벌에도,
비가 거의 내리지 않아 물이 부족한 사막에도 식물이 살지요.

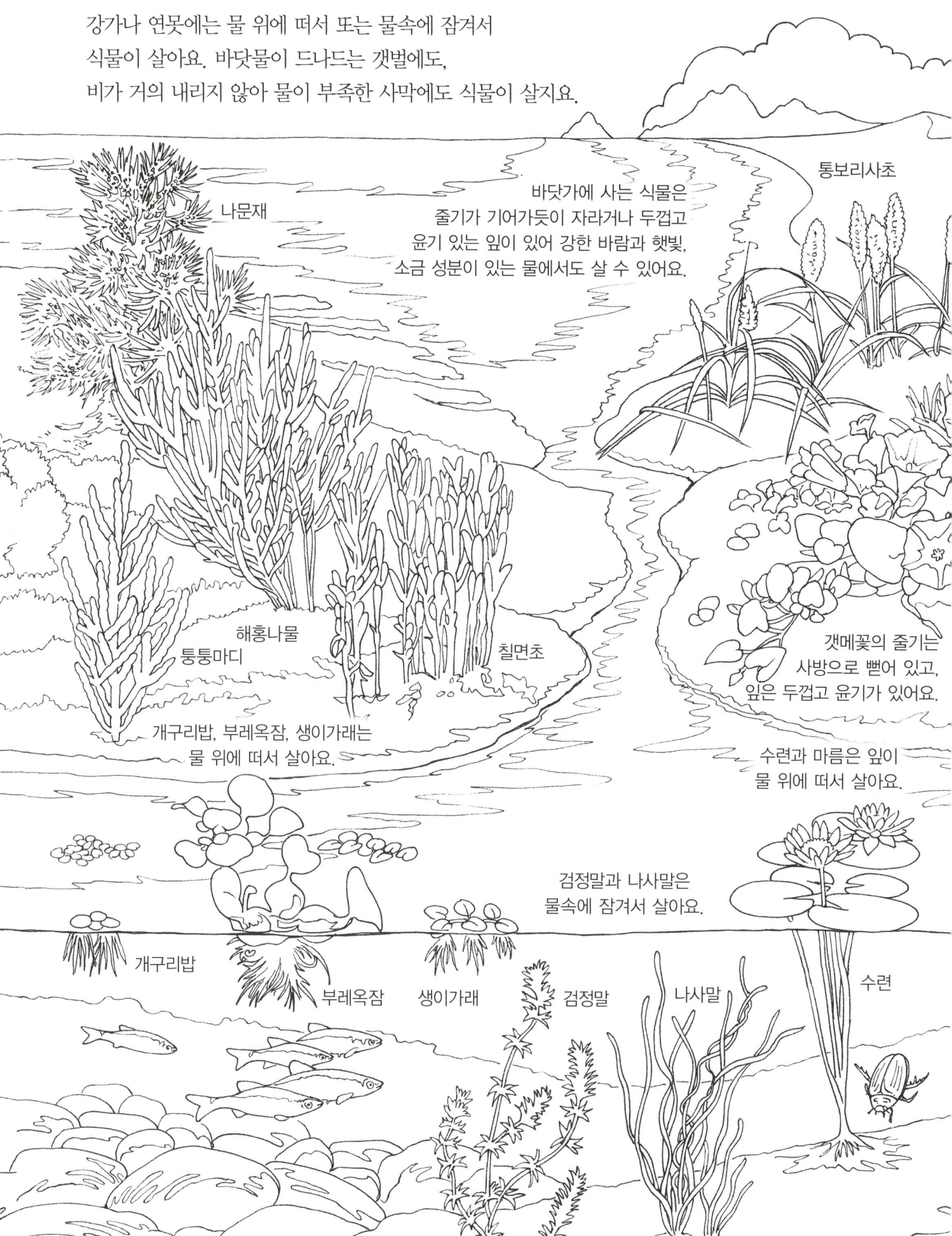

PART 2
지구

'지구'에서 배워요

우리는 지구에 살고 있어요. 지구에는 수많은 일이 일어나고 있지요. 화산이 폭발하기도 하고, 지진이 일어나기도 해요. 그러면서 산이 생기고 강도 생긴답니다. 지구에는 우리가 좋아하는 공룡도 살았었어요. 지구에서는 어떤 일들이 일어나고 있는 걸까요? 색을 칠해가며 알아봐요.

색칠하면 알 수 있는 것들

15 흙의 작용
16 물에 의한 지표의 변화
17 지층과 암석
18 화석
19 화산
20 지진
21 지구와 달

15 흙의 작용

흙은 커다란 바위나 돌이 아주 작게 부서진 것이에요. 그래서 만들어지는 데 매우 오랜 시간이 걸리지요. 흙은 다양한 생물이 살아가는 터전이기 때문에 소중하게 생각하고 잘 보존해야 해요.

흙은 나무나 풀에게 양분을 주고, 서 있을 수 있게 해요.

두더지와 개미는 흙속에 굴을 파서 집을 짓고 살아요.

지렁이는 햇빛을 피해 흙속에 살고, 흙속의 먹이를 먹어요.

16 물에 의한 지표의 변화

흐르는 물은 주변의 암석을 깨뜨려 작은 알갱이로 만들고 주변의 암석과 흙을 운반한 뒤에 쌓아 놓아요. 이러한 과정을 통해 지표의 모양이 변한답니다.

강 상류에는 커다란 바위나 모난 돌이 많아요.

강 중류는 강폭이 넓고 경사가 급하지 않아요. 강이 구불구불해요.

곡류

우각호

강 중류에는 작고 둥근 자갈이 많아요.

파도가 세게 치는 바닷가의 돌출된 부분에는 절벽이나 동굴이 만들어져요.

17 지층과 암석

바닷가나 산이 깎여 있는 절벽에 가면 수만 권의 책을 쌓아 놓은 것처럼
보이는 지형이 있어요. 이러한 지형을 지층이라고 해요.
지층이 있는 곳에서 여러 퇴적암이 발견되지요.

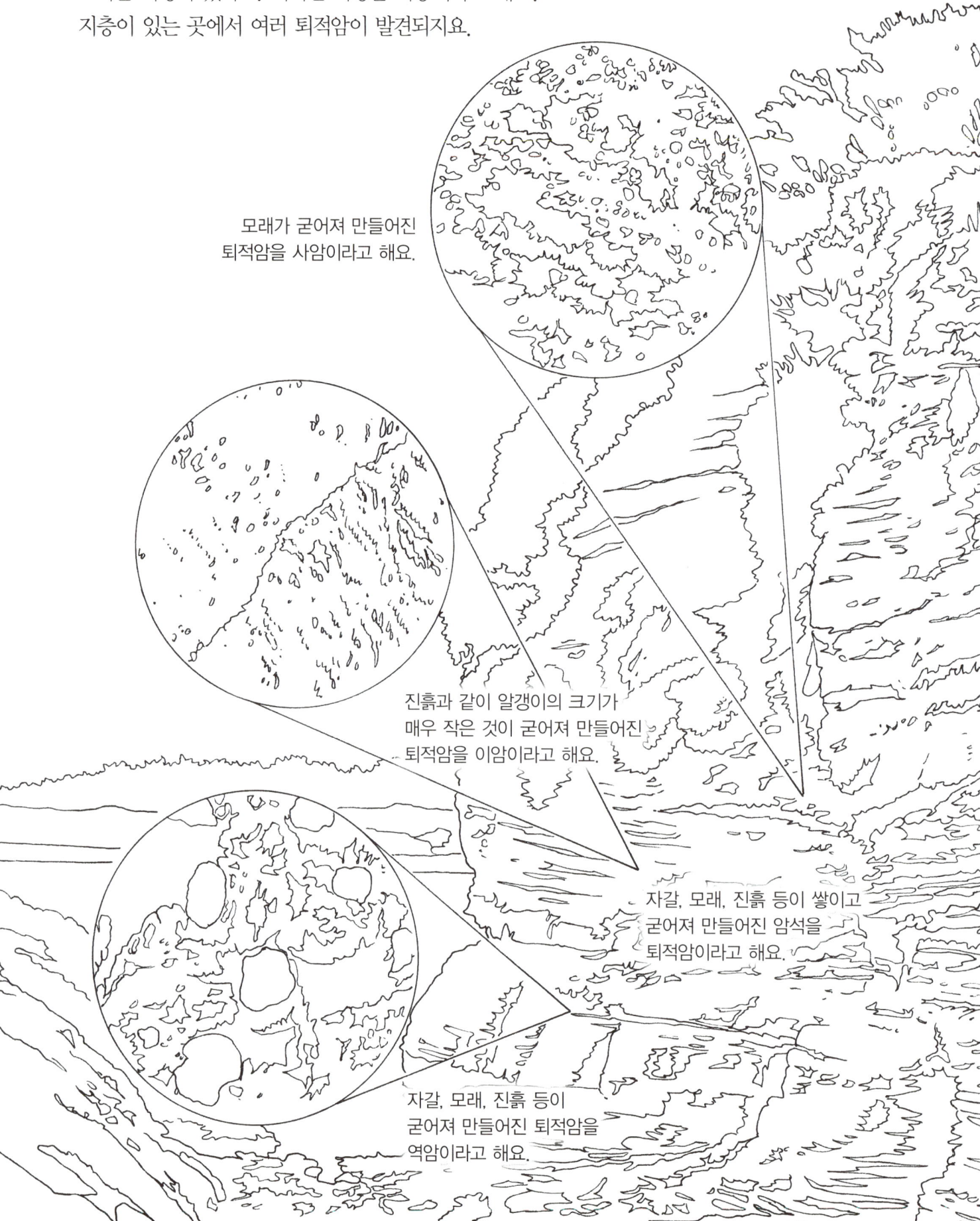

모래가 굳어져 만들어진
퇴적암을 사암이라고 해요.

진흙과 같이 알갱이의 크기가
매우 작은 것이 굳어져 만들어진
퇴적암을 이암이라고 해요.

자갈, 모래, 진흙 등이 쌓이고
굳어져 만들어진 암석을
퇴적암이라고 해요.

자갈, 모래, 진흙 등이
굳어져 만들어진 퇴적암을
역암이라고 해요.

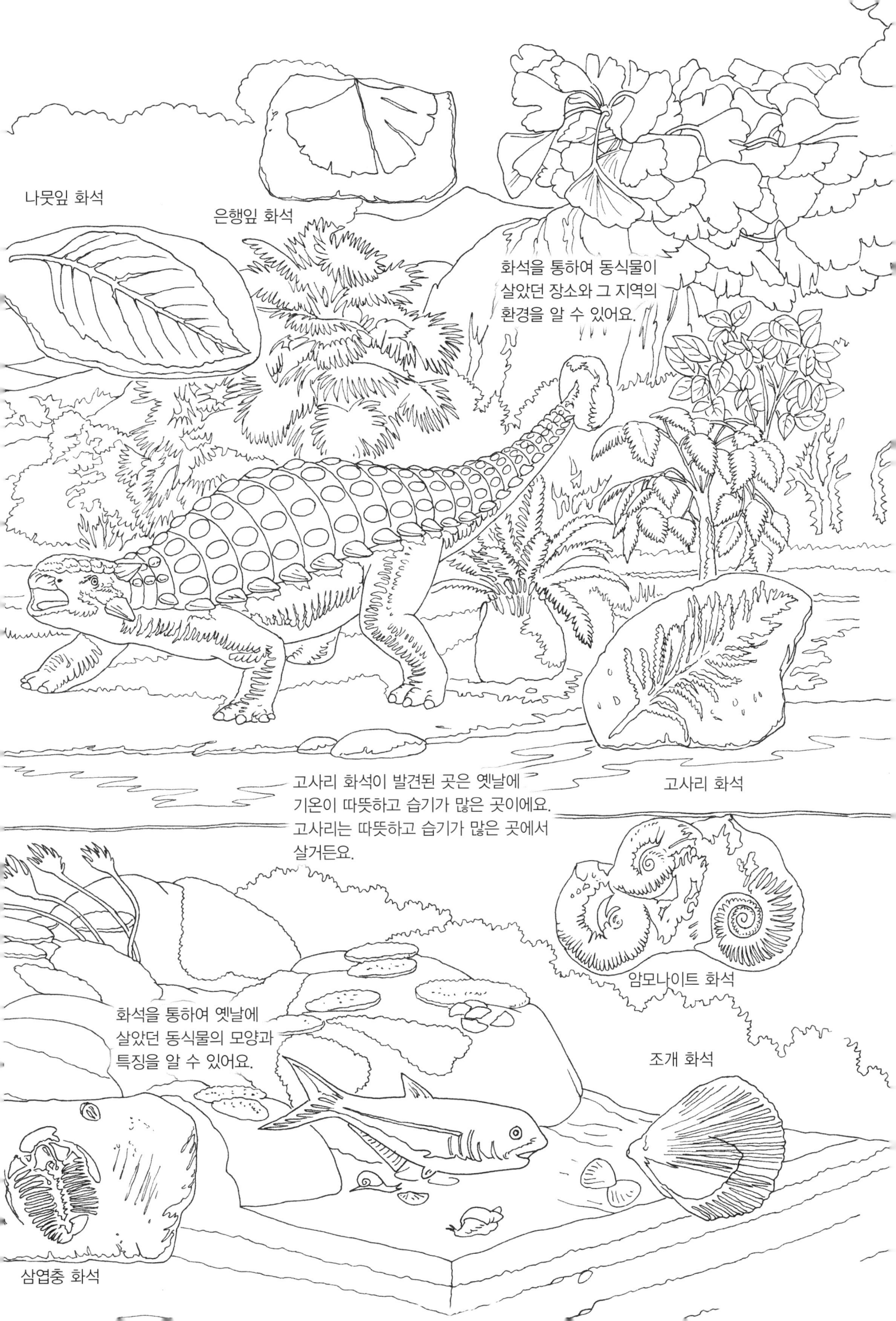

19 화산

화산이 분출하면 용암, 화산 가스, 화산재, 화산 암석 조각 등이 나와요. 화산 분출물이 마을을 뒤덮거나 산불을 발생시켜 피해를 주지만 화산재에 의해 땅은 비옥해지기도 하고, 땅속의 열에 의해 온천이 만들어지기도 해요.

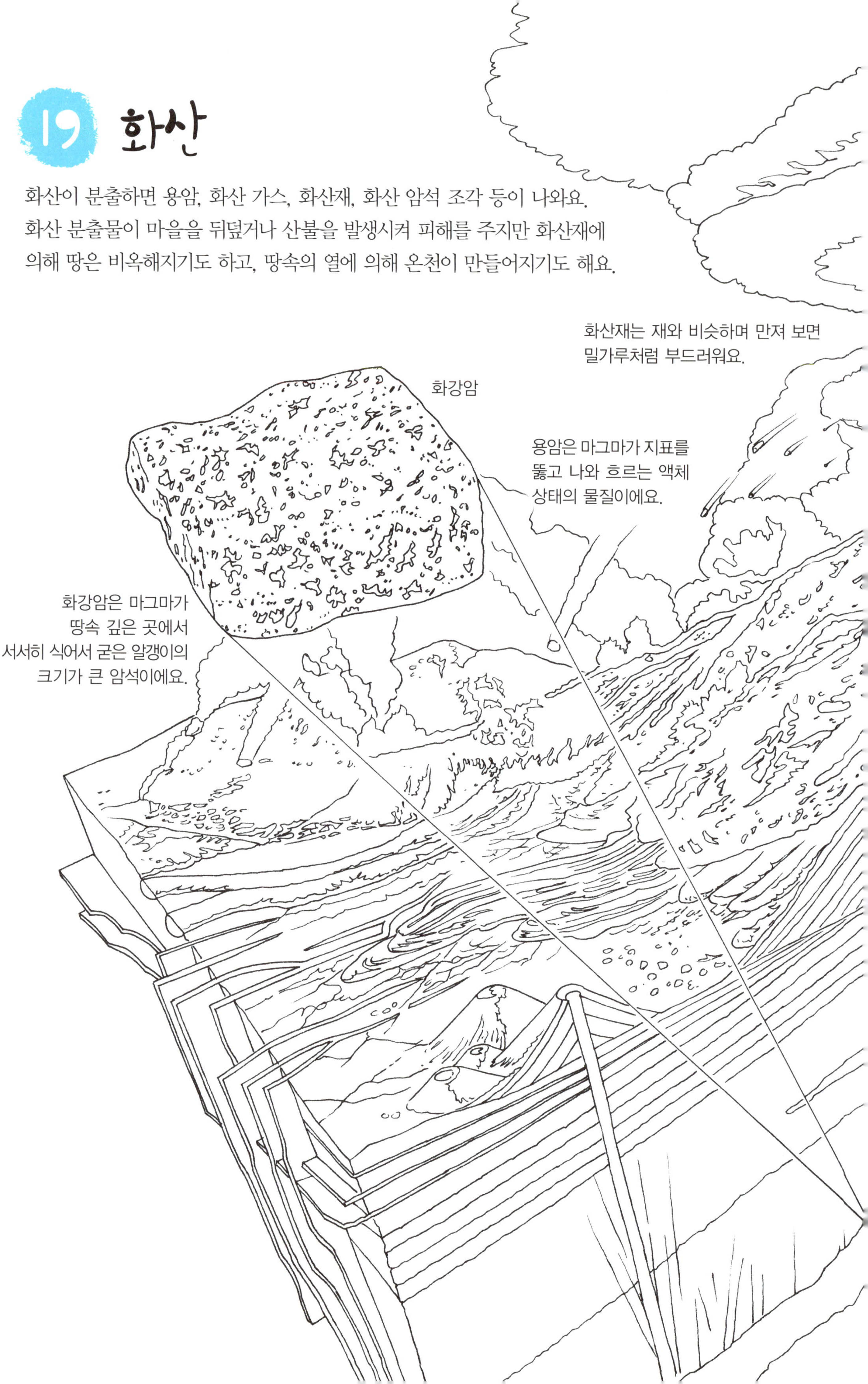

화강암

화산재는 재와 비슷하며 만져 보면 밀가루처럼 부드러워요.

용암은 마그마가 지표를 뚫고 나와 흐르는 액체 상태의 물질이에요.

화강암은 마그마가 땅속 깊은 곳에서 서서히 식어서 굳은 알갱이의 크기가 큰 암석이에요.

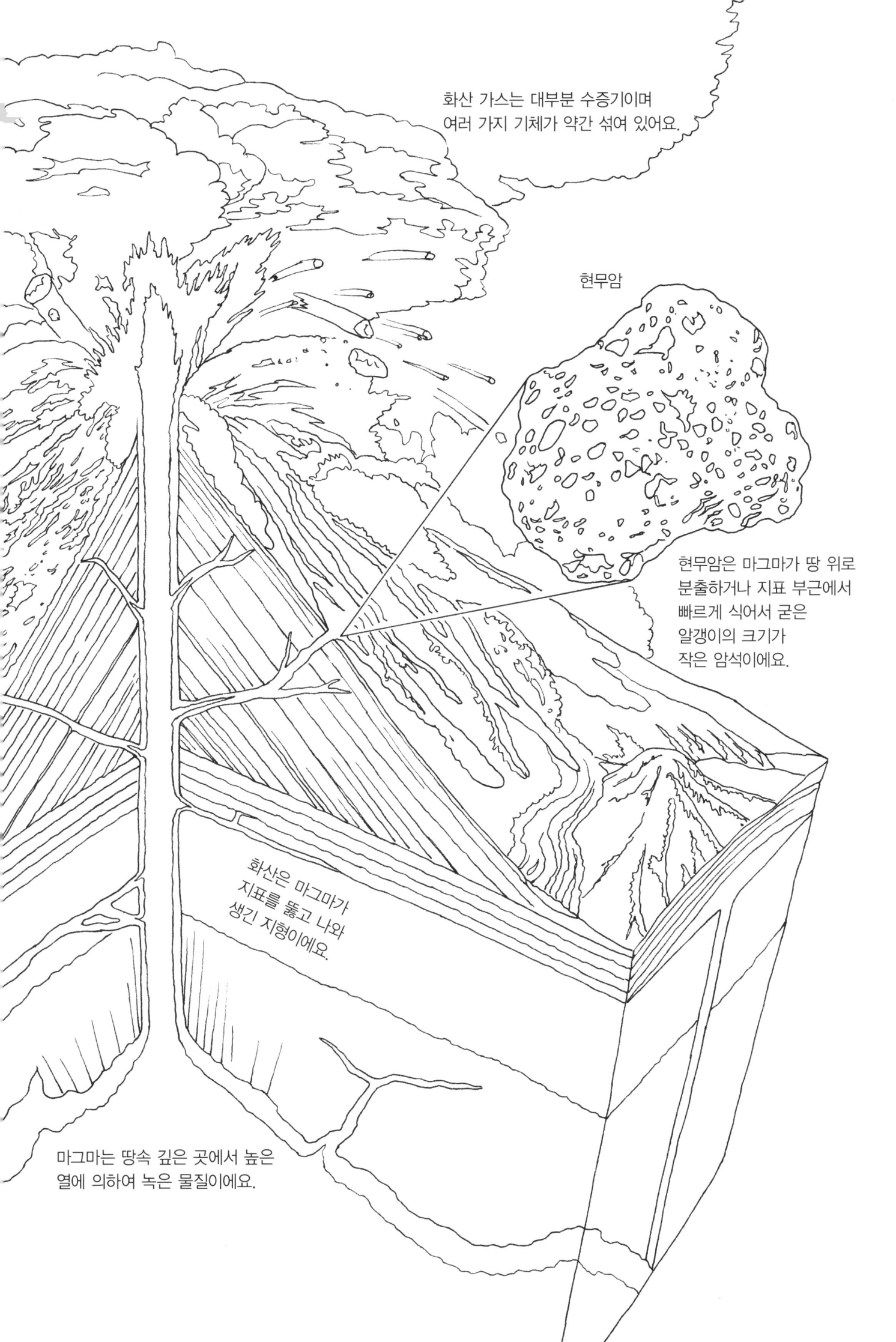

20 지진

땅이 흔들리는 것을 지진이라고 해요.
우리나라는 지진이 잘 발생하지 않지만 혹시
큰 지진이 발생할 수도 있으니 대피하는 방법을
잘 알아두어야 해요.

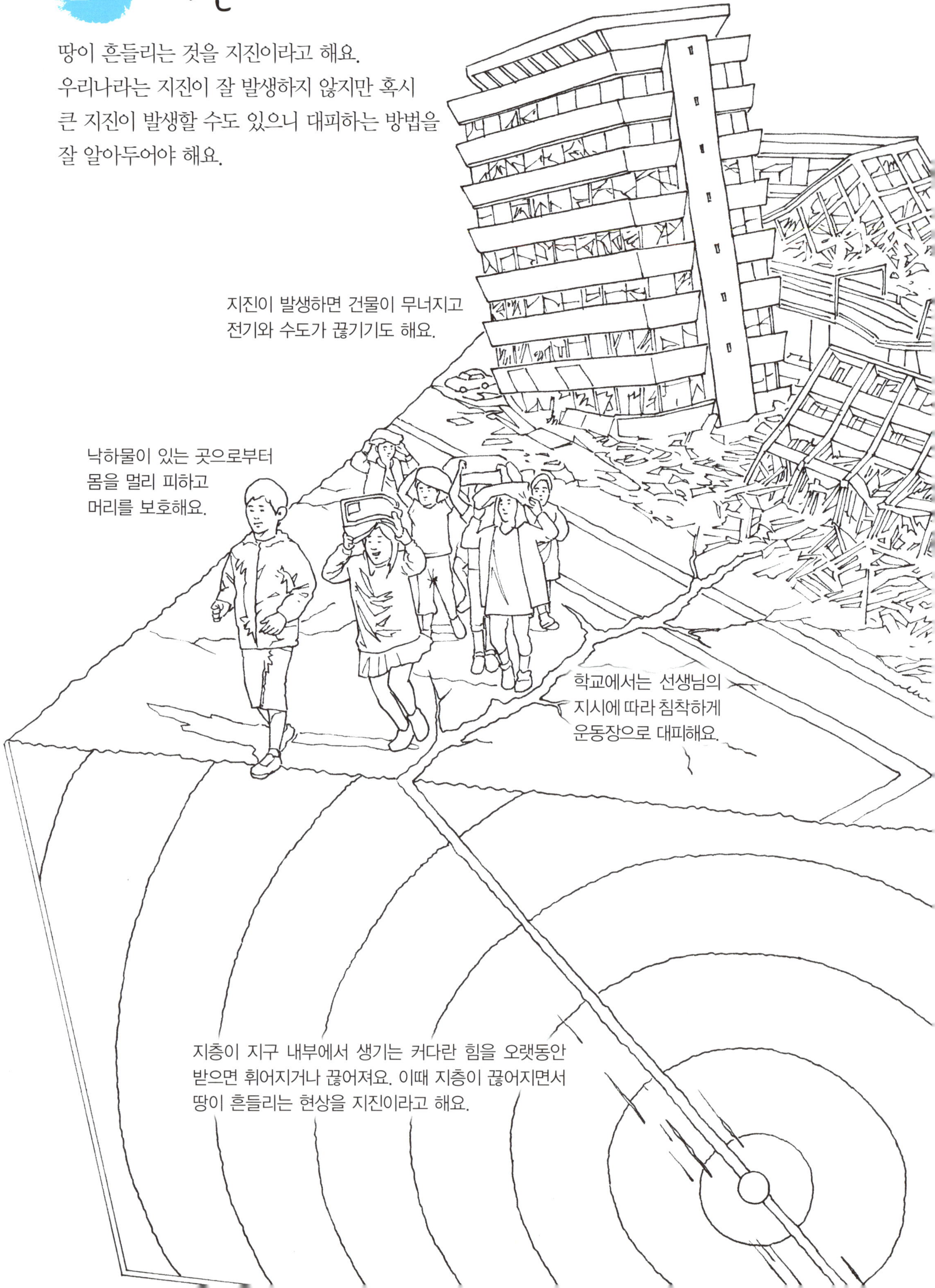

지진이 발생하면 건물이 무너지고
전기와 수도가 끊기기도 해요.

낙하물이 있는 곳으로부터
몸을 멀리 피하고
머리를 보호해요.

학교에서는 선생님의
지시에 따라 침착하게
운동장으로 대피해요.

지층이 지구 내부에서 생기는 커다란 힘을 오랫동안
받으면 휘어지거나 끊어져요. 이때 지층이 끊어지면서
땅이 흔들리는 현상을 지진이라고 해요.

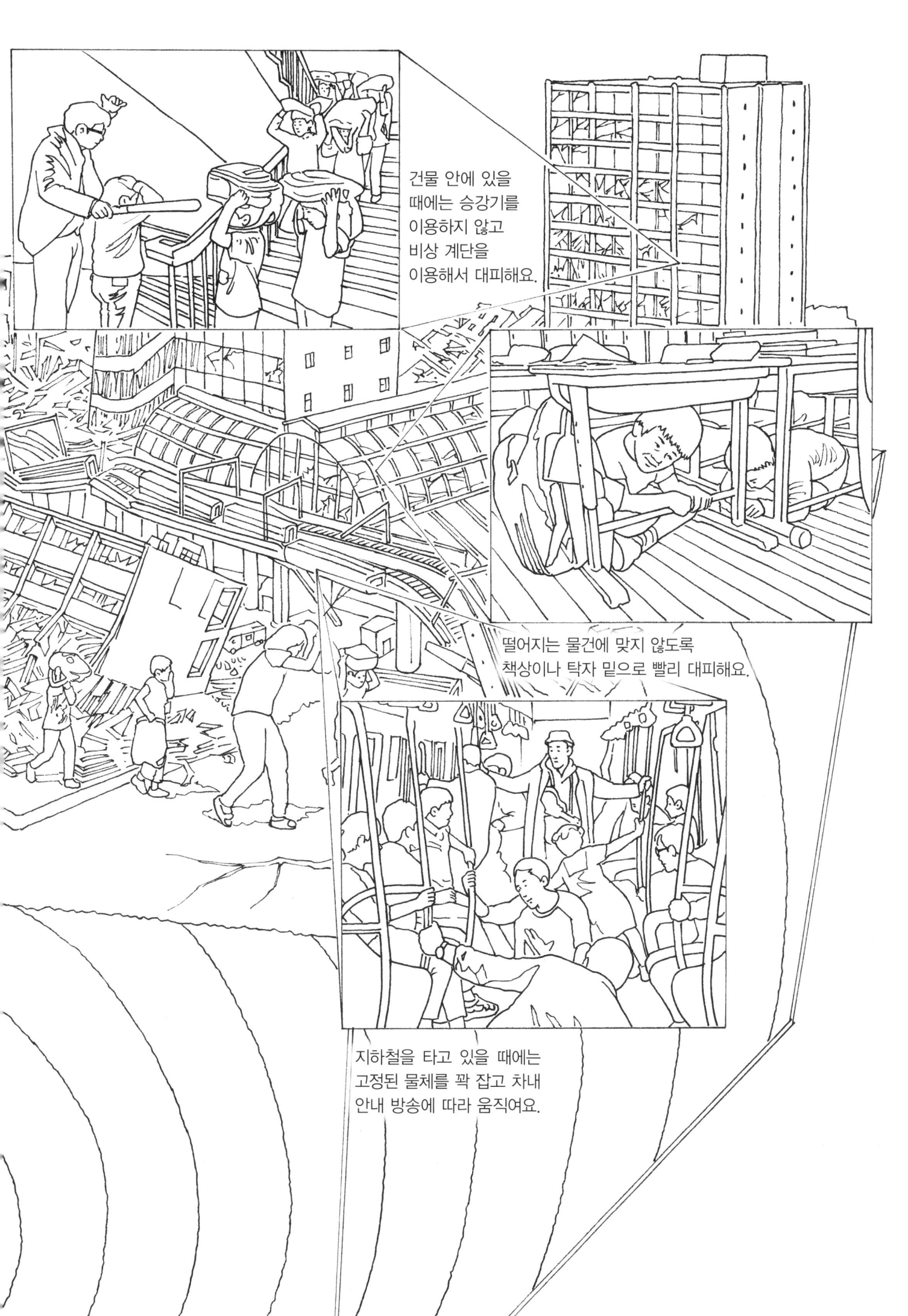

21 지구와 달

지구와 달은 둥근 모양이고 돌과 흙이 있다는 비슷한 점이 있어요. 하지만 지구에는 물과 공기가 있어 생물이 살 수 있지만 달에는 물과 공기가 없어서 생물이 살 수 없답니다.

우주에서 보면 지구에 구름이 있는 곳은 하얗게 보이고, 바다는 파랗게 보여요.

공기가 있어서 비행기와 새가 날 수 있어요.

산, 들, 강, 바다 등과 같이 지구 표면의 다양한 모습을 지형이라고 해요.

공기 덕분에 사람이나 동식물이 숨을 쉴 수 있어요.

지구 주위는 공기로 둘러싸여 있어요.

PART 3
물질

'물질'에서 배워요

공기가 있어야 숨을 쉬며 살 수 있어요. 목이 마르면 물을 마시지요. 공부할 땐 책을 보고, 그림을 그릴 땐 색연필이 필요해요. 우리는 이렇게 여러 가지 물질로 이루어진 물체를 이용하며 살아가고 있답니다. 우리 생활 속에서 꼭 필요한 것들은 무엇인지 색칠해 가며 알아볼까요?

색칠하면 알 수 있는 것들

22 물체와 물질

23 액체의 부피

24 기체의 부피

25 혼합물의 분리

26 물의 이용과 상태 변화

22 물체와 물질

우리 주위에는 장난감, 유리컵, 풍선과 같은 여러 가지 물체가 있어요.
풍선이 고무로 이루어진 것처럼 물체는 물질로 이루어져 있어요.
그리고 물질은 고체, 액체, 기체 중 한 가지 상태로 존재한답니다.

프라이팬은 물체이고, 프라이팬을 만드는 재료인 금속은 물질이에요.

고무는 유연하고 질겨서 풍선, 고무 장갑 등을 만드는 데 사용돼요.

플라스틱은 단단하고 가벼워 컵, 장난감 등을 만드는 데 사용돼요.

액체는 담는 그릇에 따라 모양이 변하지만 양은 변하지 않아요.

23 액체의 부피

액체는 담는 그릇에 따라 모양이 달라져요. 그래서 모양이 다른 컵에 주스가 담겨 있으면 어떤 컵에 담긴 주스의 부피가 많은지 알기가 어려워요. 정확하게 액체의 부피를 비교하기 위해서는 하나의 기준이 되는 그릇을 사용하면 된답니다.

액체의 부피를 비교하기에 좋은 그릇은 부피의 차이가 뚜렷하게 나타나는 좁은 원통 모양의 그릇이에요.

욕조에 물을 가득 받았을 때의 물의 부피는 300L 정도예요.

모양이 다른 컵에 담긴 액체의 부피는 하나의 기준이 되는 그릇에 옮겨 담아 비교할 수 있어요.

그림물감이나 우유와 같은 액체의 부피는 mL나 L의 단위로 나타내요.

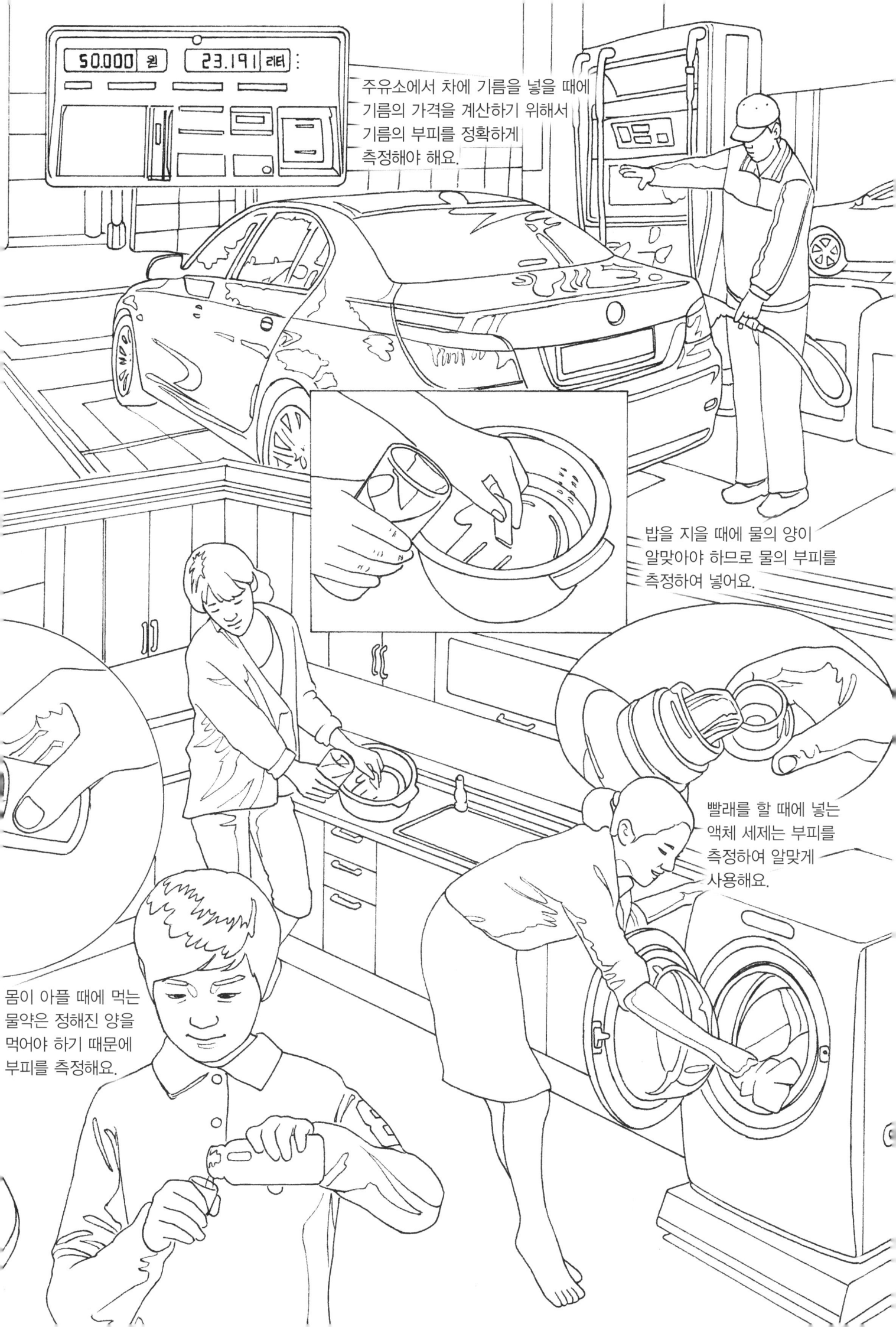

24 기체의 부피

기체는 눈에 보이지 않지만 우리 주위에 있어요. 풍선 속에도 기체가 있고, 우리가 숨쉴 때 필요한 공기도 기체예요. 기체도 고체와 액체처럼 부피가 있기 때문에 풍선에 기체를 넣으면 풍선이 크게 부푸는 것이랍니다.

헬륨 기체가 들어 있는 풍선은 위로 뜰 수 있어요.

버너에 의해 데워진 공기가 열기구 안으로 들어가면 열기구가 위로 떠요.

기체는 모양이 변하기 때문에 긴 고무풍선으로 다양한 모양을 만들 수 있어요.

공기 주입기를 밀면 풍선 밖의 공기가 풍선 안으로 이동해서 풍선이 부풀어요.

25 혼합물의 분리

김밥, 잡곡밥, 미숫가루 등은 혼합물이에요. 금, 은, 구리와 같은 물질도 자연에서 다른 물질과 섞여 있는 혼합물이지요. 우리 주위의 대부분의 물질은 혼합물로 이루어져 있기 때문에 혼합물을 분리하는 것은 매우 중요하답니다.

곱게 간 콩물을 끓인 후 헝겊을 사용하여 콩 찌꺼기와 콩물을 분리해요.

물
갈아 놓은 콩물

헝겊을 깐 두부 틀에 콩물을 부어요.

체를 이용하면 여러 크기의 곡식이 섞여 있는 잡곡에서 좁쌀과 같이 크기가 작은 곡식을 분리할 수 있어요.

그물처럼 생긴 망을 이용해서 녹차잎과 녹차가 우러나온 물을 분리할 수 있어요.

PART 4
에너지

'에너지'에서 배워요

물체가 일을 할 수 있는 능력을 에너지라고 해요. 신나게 울려 퍼지는 소리도, 예쁘게 반짝이는 빛도, 힘을 쓰는 일도, 운동을 하는 것도 모두 에너지예요. 또 뜨거운 열도, 전기와 자기도 모두 에너지지요. 색을 칠해가며 우리 주변의 에너지를 알아볼까요?

색칠하면 알 수 있는 것들

27 자석과 물체
28 여러 가지 소리
29 무게 재기
30 수평 잡기
31 빛과 그림자
32 거울

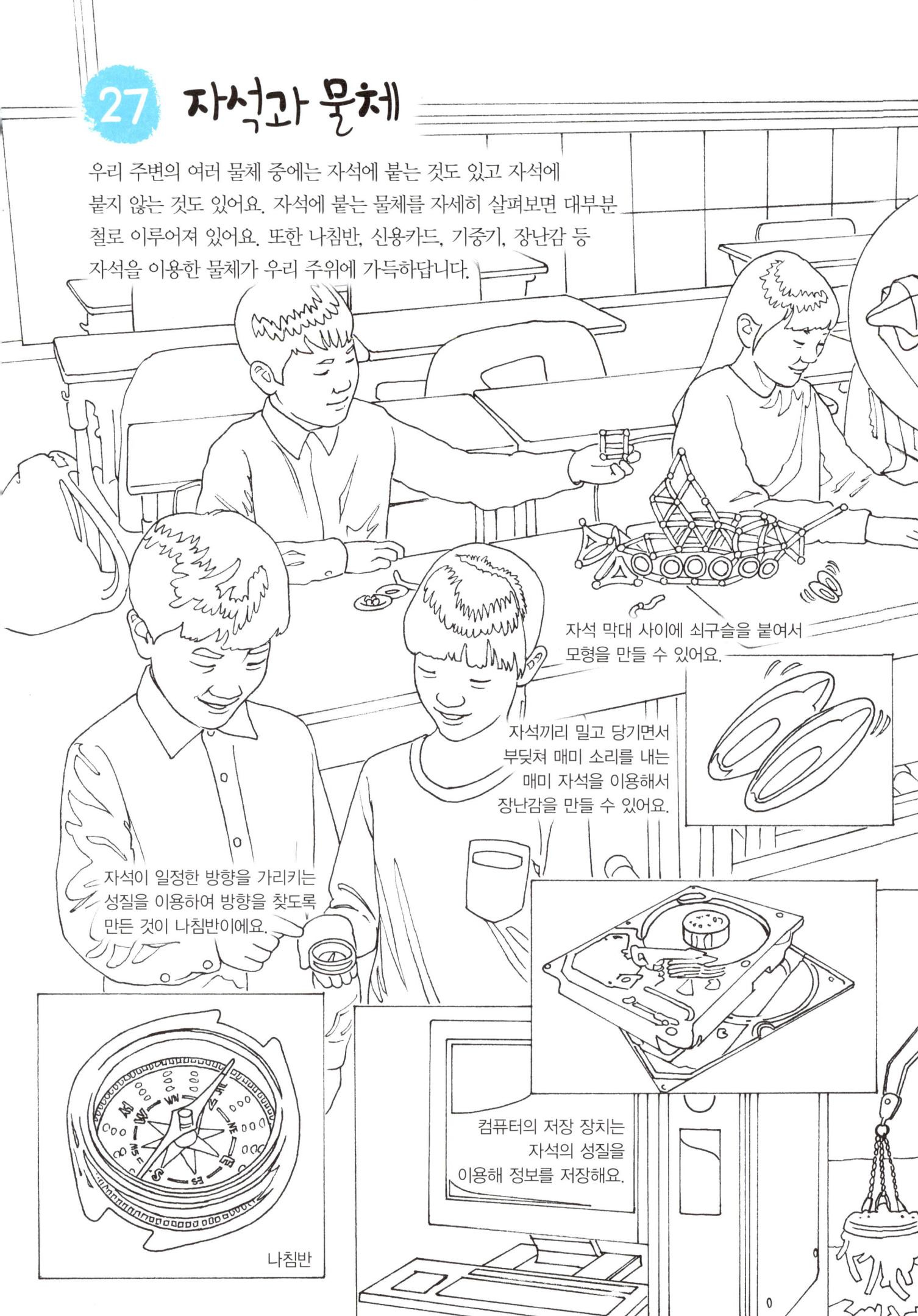

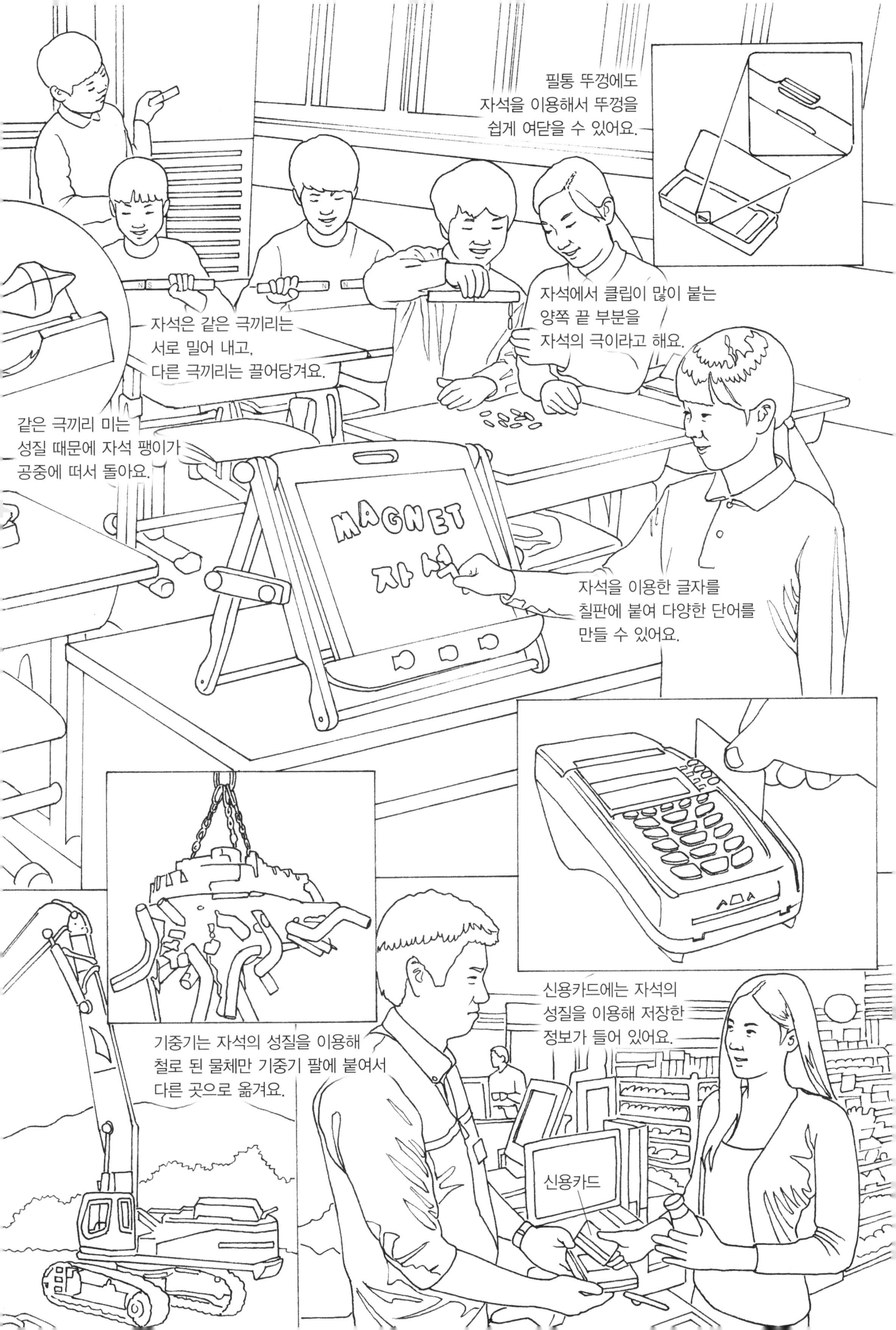

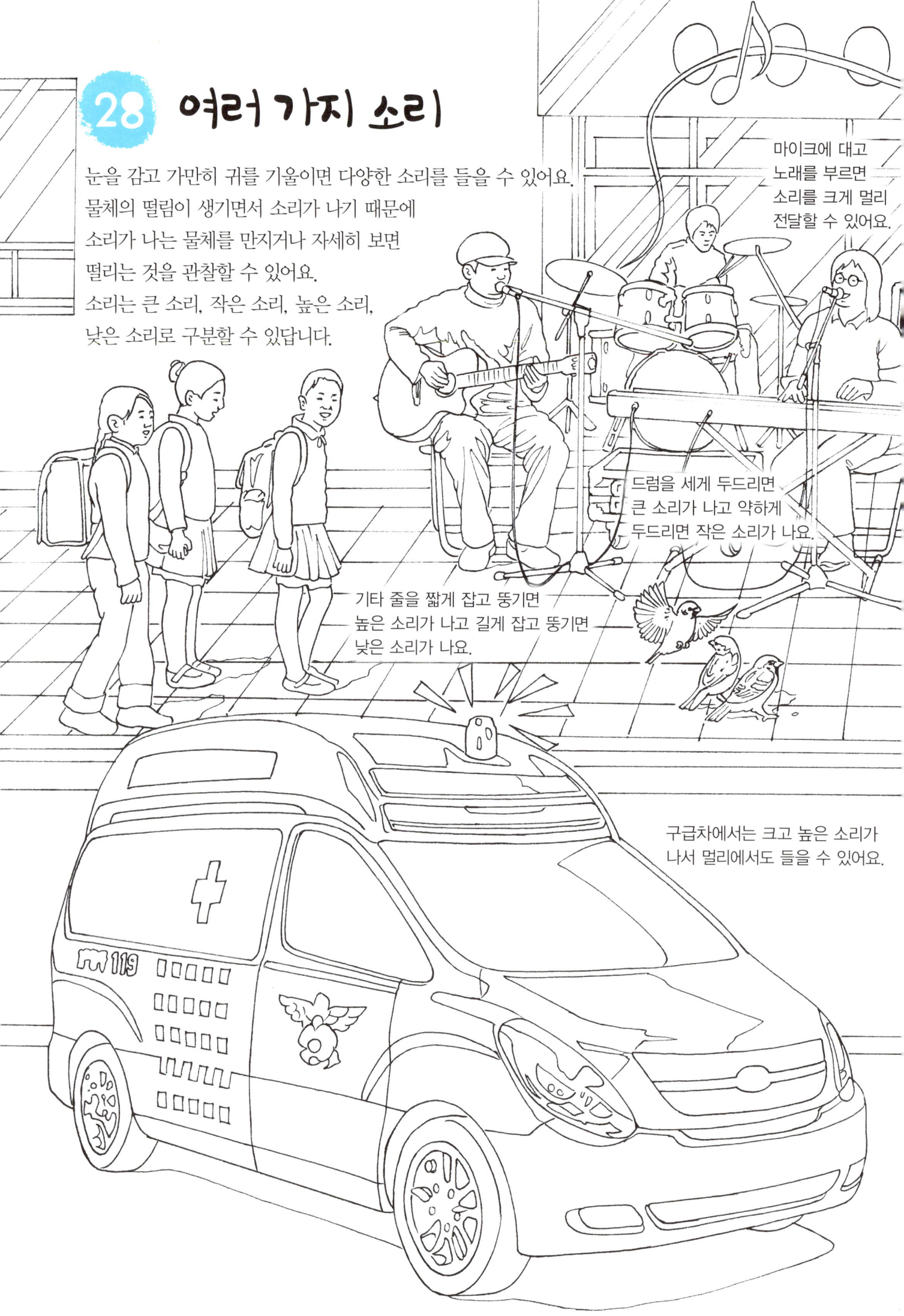

29 무게 재기

지구가 물체를 끌어당기는 힘의 크기를 무게라고 해요. 무게를 잰다는 것은 지구가 물체를 끌어당기는 힘의 크기를 재는 것이지요. 무게를 잴 때에는 주로 저울을 이용하는 데, 저울 속에는 용수철이 들어 있어요. 용수철이 늘어나면서 물체의 무게를 나타낸답니다.

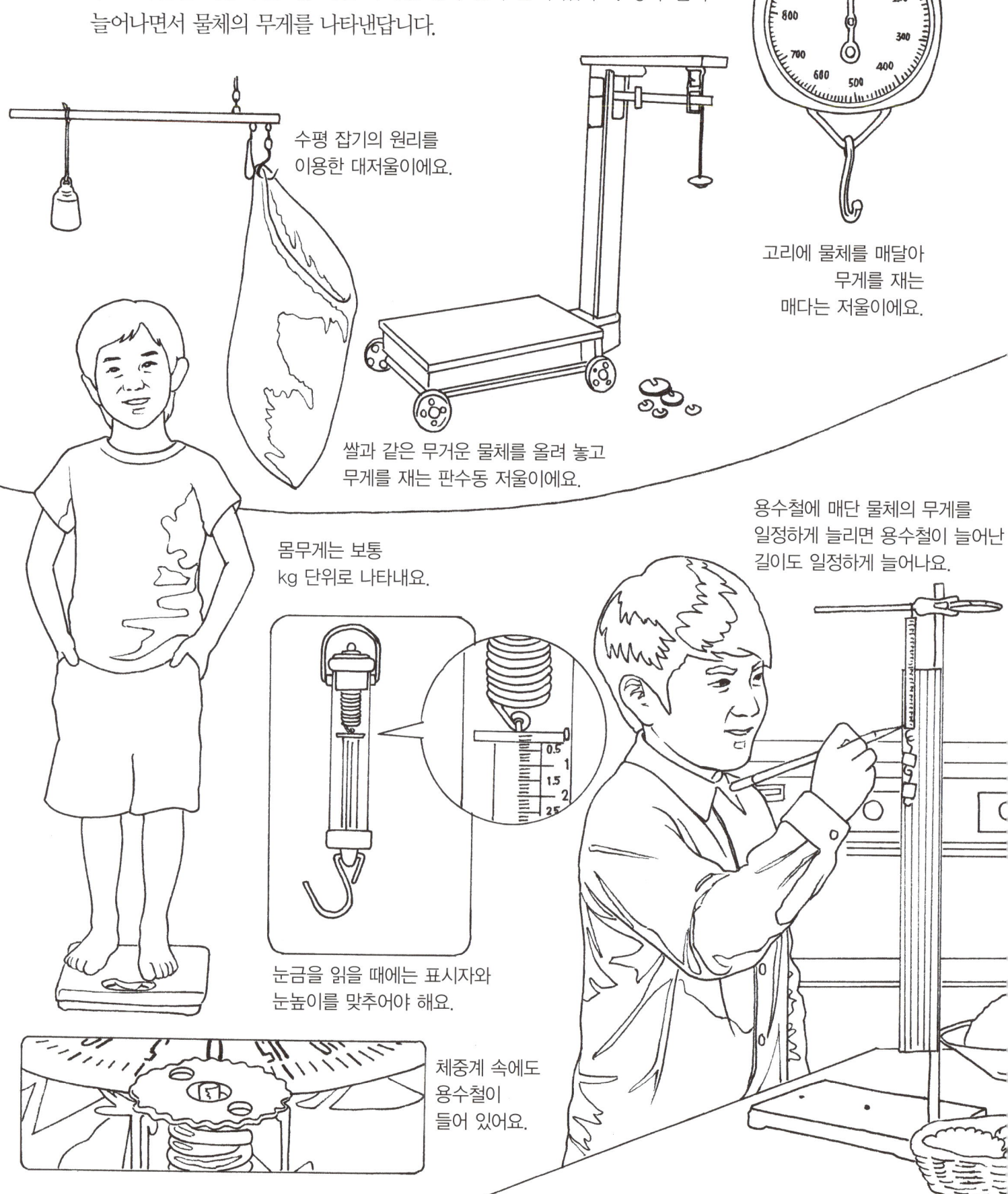

수평 잡기의 원리를 이용한 대저울이에요.

고리에 물체를 매달아 무게를 재는 매다는 저울이에요.

쌀과 같은 무거운 물체를 올려 놓고 무게를 재는 판수동 저울이에요.

몸무게는 보통 kg 단위로 나타내요.

용수철에 매단 물체의 무게를 일정하게 늘리면 용수철이 늘어난 길이도 일정하게 늘어나요.

눈금을 읽을 때에는 표시자와 눈높이를 맞추어야 해요.

체중계 속에도 용수철이 들어 있어요.

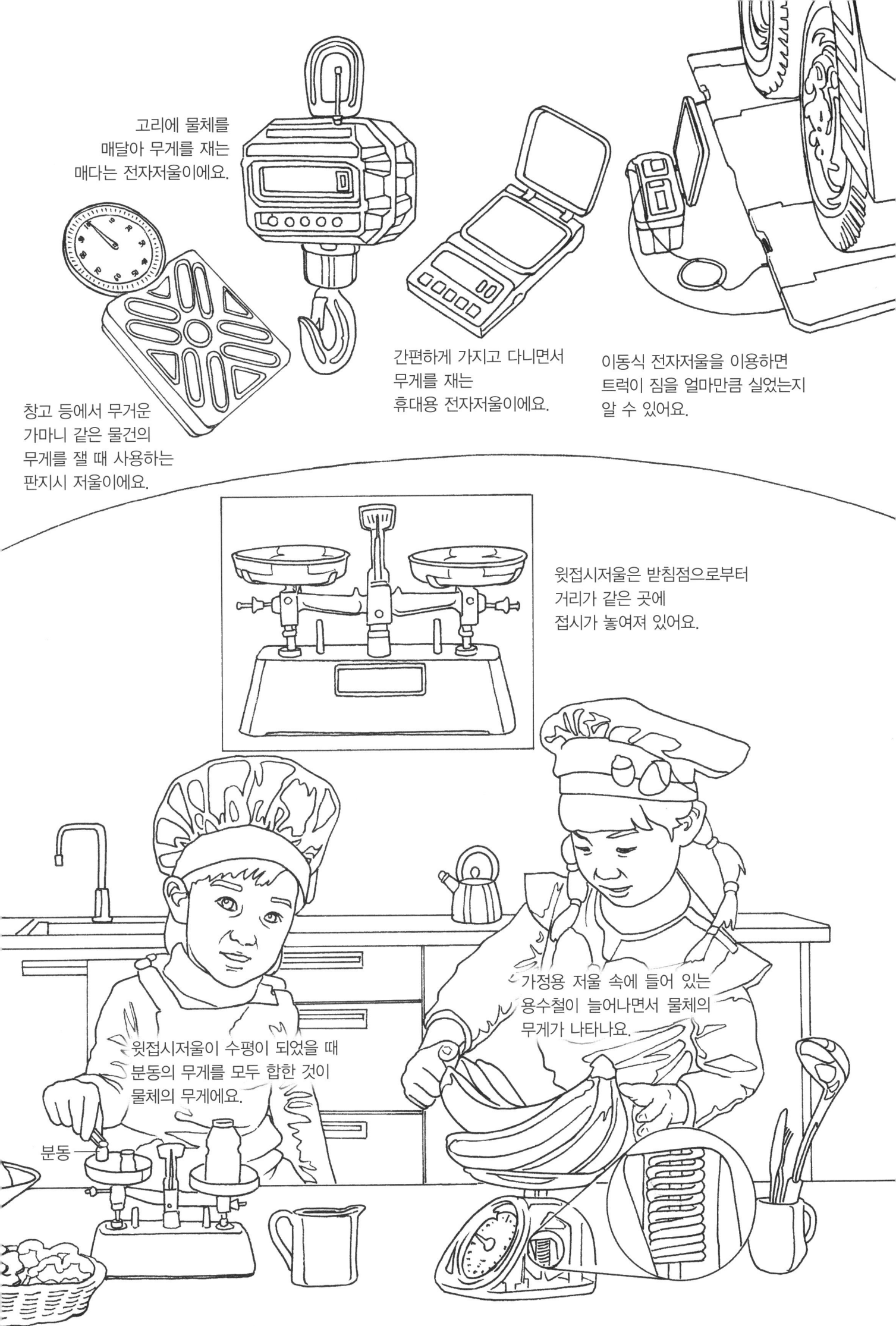

30 수평 잡기

수평이란 어느 쪽으로도 기울어지지 않고 평형을 이루고 있는 상태를 말해요.
손가락 위에 자를 올려놓는 것, 미술 시간에 만드는 모빌, 운동장에 있는 시소도 수평 잡기를
이용한 것이에요. 수평 잡기는 윗접시저울이나 양팔저울과 같은 저울에도 이용된답니다.

양팔저울은 한 쪽에 물체를
놓고 다른 쪽에 분동을 올려놓아
수평을 잡게 하여 무게를 재요.

무게가 서로 다른 두 물체를 가지고
모빌을 만들려면 무게가 가벼운 물체를
무게가 무거운 물체보다 받침점에서
더 멀리 매달아야 수평이 되어요.

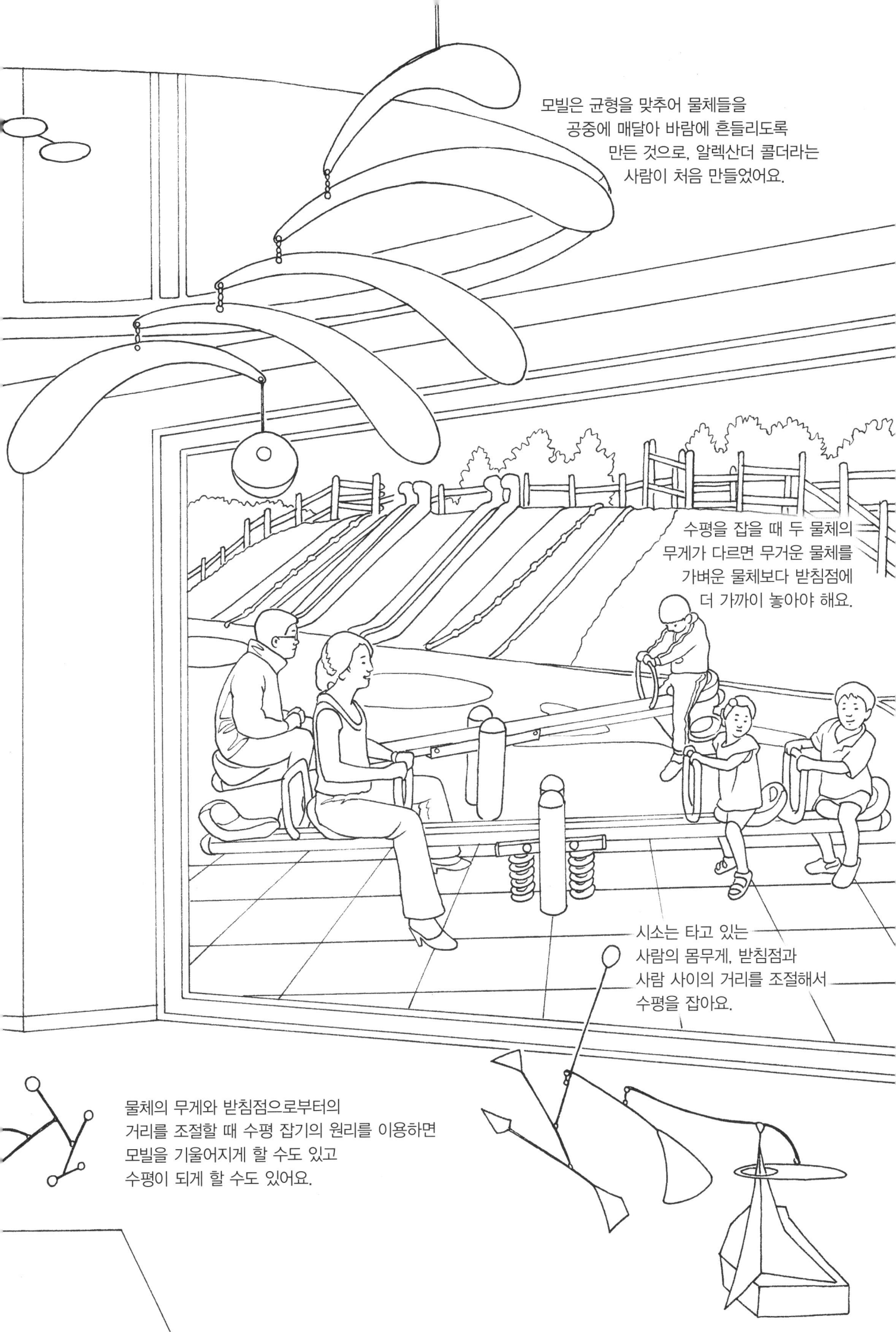

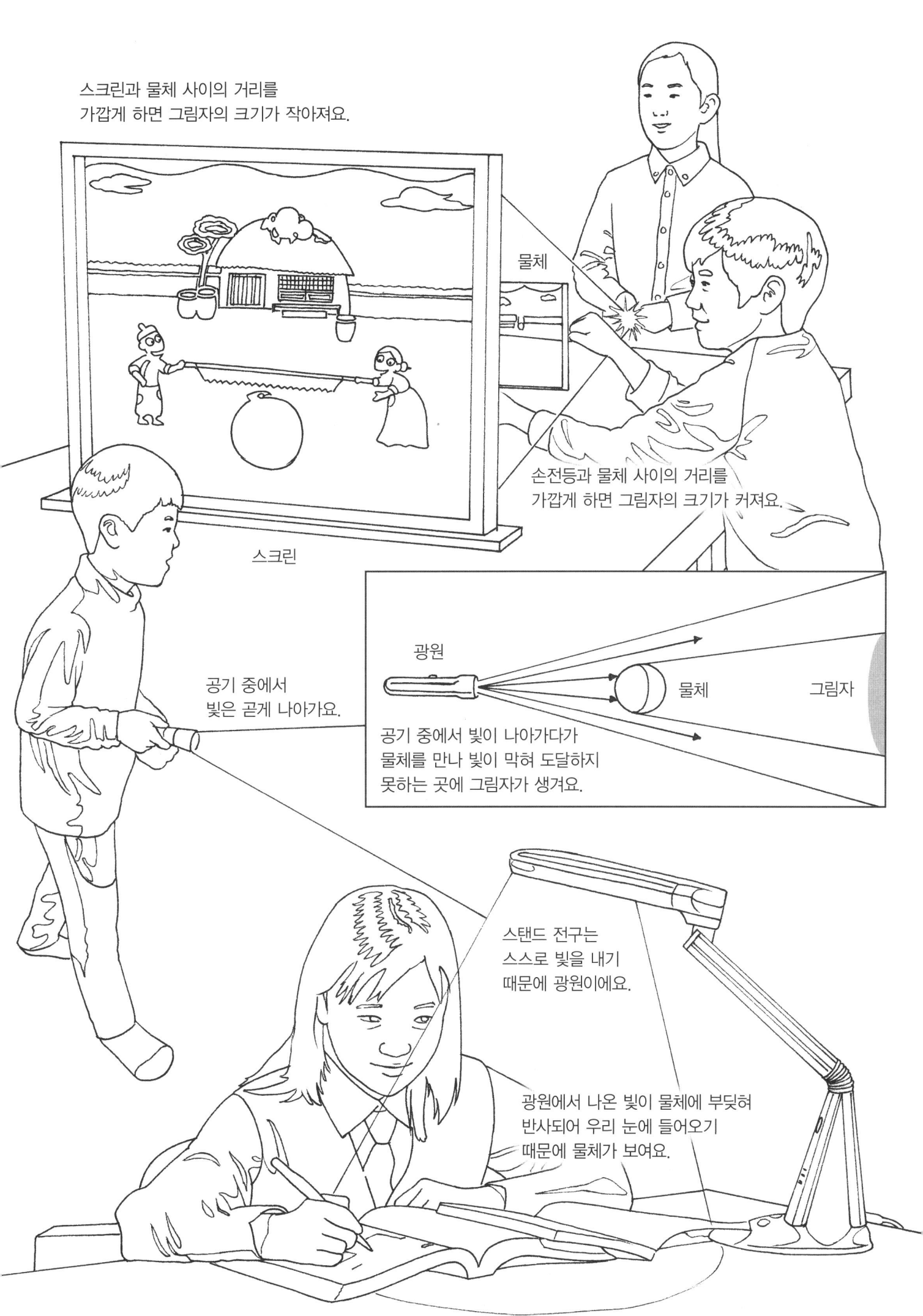

32 거울

빛이 물체 표면에 부딪혀 나아가는 방향이 바뀌는 현상을 빛의 반사라고 해요. 거울이나 유리, 텔레비전 화면에 가까이 가면 내 모습이 비치는 데 이것은 빛이 표면이 매끄러운 물체에서 일정한 방향으로 반사되어 내 눈에 들어오기 때문이에요.

잔잔한 물과 같이 표면이 매끄러운 물체는 빛을 일정한 방향으로 반사하기 때문에 주변의 모습이 잘 비쳐요.

굽은 길에서는 사고를 예방하기 위해서 거울을 설치해 놓아요.

거울을 이용하면 보기 어려운 내 모습을 비추어 볼 수 있어요.

거울에 비친 물체의 모습이나 글자는 좌우가 바뀌어 보여요.

부록

작가님의 실물 같은 멋진 컬러링 예시와
친구들이 직접 컬러링한 예시를 만나러 가봐요~

작가님의 컬러링

★ 작가님께서 컬러링하신 예시를 참고해 보세요.

작가님 Tip 수컷과 암컷의 모습을 비교해가면서 색칠해보세요. 털은 결을 표현하기 위해 펜으로 여러 번 힘을 주지 않고 터치하면 좋아요. 두루미와 북극곰은 추운 곳에 사는 동물이므로 그 주변은 눈과 얼음으로 표현하면 좋아요.

작가님 Tip 지층이에요. 밝고 어둡고를 반복하면서 지층의 모양을 따라가며 색칠해 보아요. 안으로 들어간 곳은 어둡게, 밖으로 나온 부분은 밝게 표현해 보세요.

놀이 공원의 모습이에요. 알록달록 예쁘게 칠해 보세요. 공기가 들어간 공은 하늘색으로 연하게 칠하고 인물 주변을 파란색으로 덧칠하면 좋아요.

학교 교실을 생각하면서 교실바닥, 책상, 사물함, 게시판 등을 먼저 색칠해 보아요. 자석은 실제 자석 색대로 칠해보세요.

친구들의 컬러링

★ 친구들이 컬러링한 예시를 참고해 보세요.

예쁜 나비가 되기 위해 애벌레, 번데기를 거치는 과정을 알 수 있었어요. (2학년 강재욱)

새로운 곤충도 알게 되고 재미있었어요. 빨리 3학년이 되었으면 좋겠어요. (2학년 윤진석)

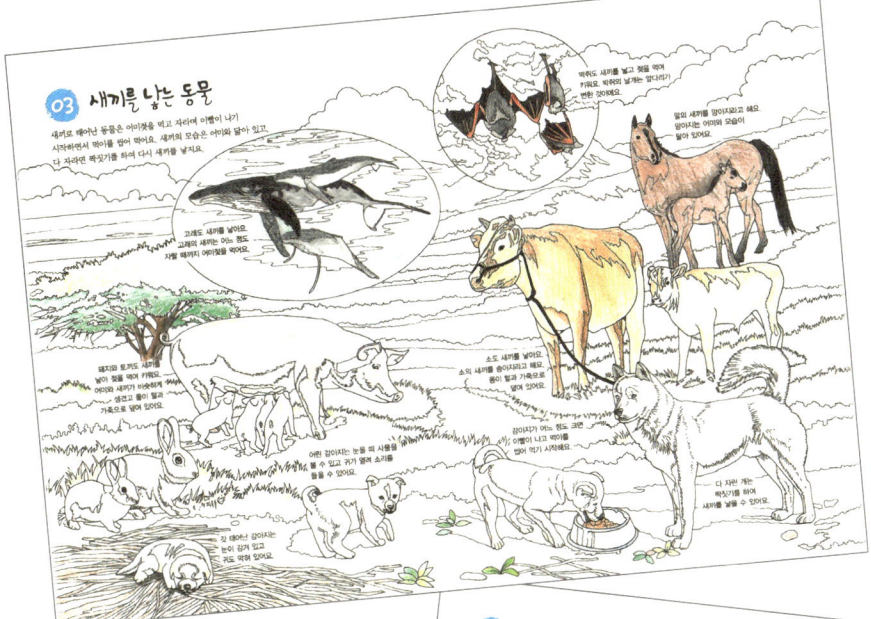

동물의 어미와 새끼의 모습을
비교해가면서 색칠할 수
있어서 좋았어요.
(6학년 이승채)

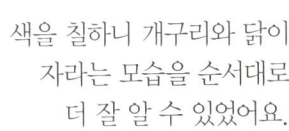

색을 칠하니 개구리와 닭이
자라는 모습을 순서대로
더 잘 알 수 있었어요.
(3학년 김한음)

자주 볼 수 있는 동물을
색칠해볼 수 있어서 좋았어요.
(3학년 구경모)

내가 좋아하는 동물도 색칠하고 어디에 사는지 알 수 있어서 도움이 됐어요. (3학년 정미지)

색칠하면서 내가 교과서를 만드는 느낌이 들어서 좋았어요. (3학년 조현민)

상어, 오징어, 전복 등
바다 생물들을 자세히 알 수
있었고, 세상에 하나뿐인
나만의 바다를 칠할 수
있어서 좋았어요.
(3학년 김현아)

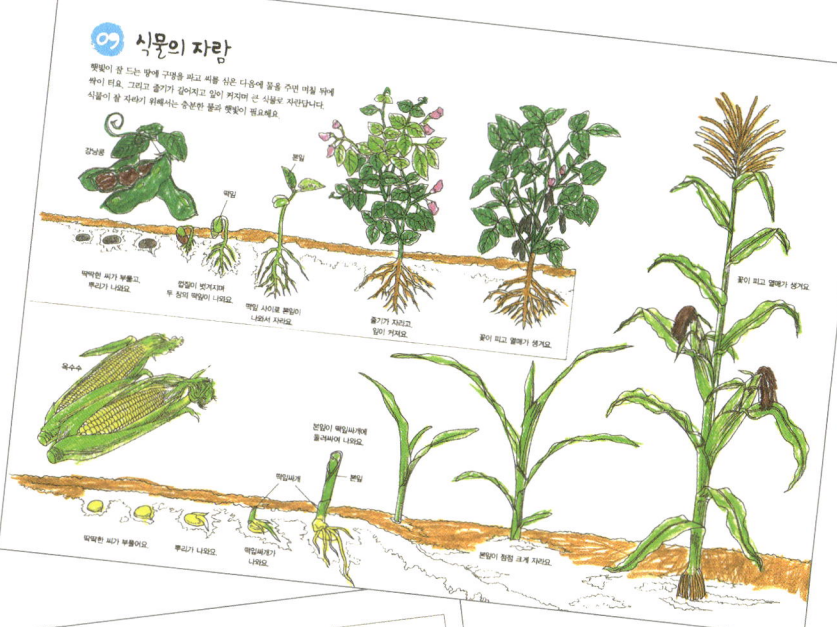

옥수수를 좋아하는데
어떻게 자라서 옥수수가
되는지 알 수 있었어요.
(4학년 이진호)

작은 씨가 꽃도 되고
열매도 맺어서 과정이
신기했어요. 색칠해보니까
더 잘 알 수 있었어요.
(4학년 박민지)

그림이 세밀해서 식물의 생김새를 자세히 알 수 있었어요. (3학년 이명현)

식물의 잎은 사람 얼굴처럼 모양이 다 다른 게 재미있어요. (3학년 조유민)

주변에서 자주 볼 수 있었던
꽃과 나무들이 어디에 사는지
알 수 있었어요.
(3학년 강서준)

잘 모르는 식물은 교과서를
찾아보면서 칠했어요.
그 과정이 재미있었어요.
(3학년 김동규)

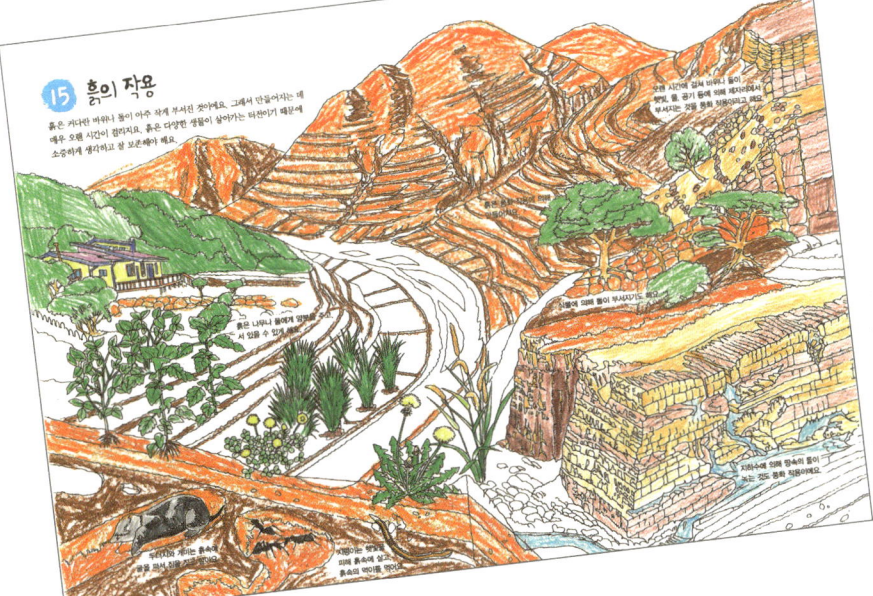

화단에 있는
흙이 여러 과정을 거쳐
만들어졌다는 것이
재미있었어요.
(4학년 최혜린)

모두 같은 물인 줄 알았는데 아니었어요. 그 주변의 환경도 다르다는 걸 알 수 있었어요. (4학년 김채연)

지층이 겹겹이 이루어져 있다는 것을 색을 칠하면서 알게 되었어요. (4학년 오정욱)

좋아하는 공룡을
색칠할 수 있어서 좋았고,
화석으로 지금 살아있지 않은
생물을 알 수 있었어요.
(4학년 오정욱)

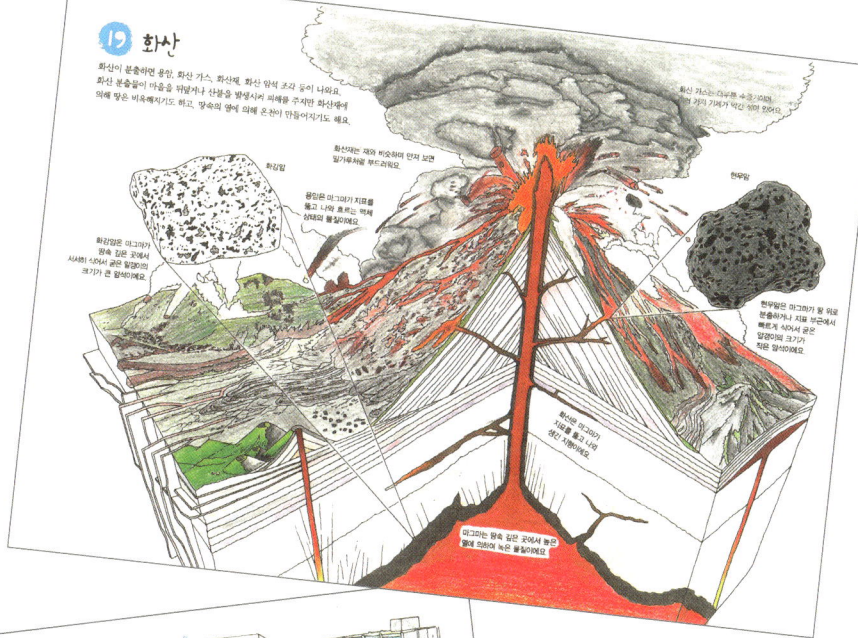

4학년 때 제일 재미있었던
화산을 색칠하면서
다시 복습할 수
있어서 좋았어요.
(6학년 이승채)

말로만 듣던 지진은
정말 무섭다는 것을 알았어요.
지진이 나면 이렇게
대처해야 할 것 같아요.
(3학년 조원희)

지구와 달, 바닷속까지
칠해보니 지구에 대해
더 관심이 생겼어요.
(3학년 김준오)

달의 표면이 거칠거칠했어요.
바다속도 지구의 땅 모양과
비슷해서 신기했어요.
(2학년 양승민)

재료가 되는 것은 물질,
주변에서 볼 수 있는 물건들은
물체라는 것을 알 수 있었어요.
(3학년 전지후)

물체를 이루고 있는 것이
물질이라는 것이에요.
풍선의 물질은 고무예요.
(3학년 박현빈)

액체는 부피가 변해요.
담는 그릇에 따라
모양도 달라졌어요.
(3학년 함서연)

풍선을 작게 불면
기체의 부피가 작고,
풍선을 크게 불면
기체의 부피가 커지는
것을 알 수 있었어요.
(3학년 김수경)

내가 좋아하는 김밥도
혼합물이었어요. 주변에서
혼합물을 쉽게 찾을 수
있을 것 같아요.
(1학년 황지훈)

물이 없으면 생활이 힘들 것 같아요. 또 눈에 보이지 않는 물도 있다는 것을 알 수 있었어요. (3학년 조준희)

자석으로 만든 장난감도 많이 봤는데, 우리 생활의 많은 곳에서도 이용되고 있었어요. (3학년 황상준)

소리는 물체의 떨림으로
생긴대요. 말을 할 때
목을 만져보니 떨렸어요.
소리는 정말 신기하게
나오는 것 같아요.
(4학년 양태현)

말하는 것도,
노래를 부르는 것도,
호루라기 소리도 모두 소리예요.
(3학년 양선우)

몸무게만큼
지구가 나를 끌어당긴다고
생각하니 신기해요.
(2학년 김연수)

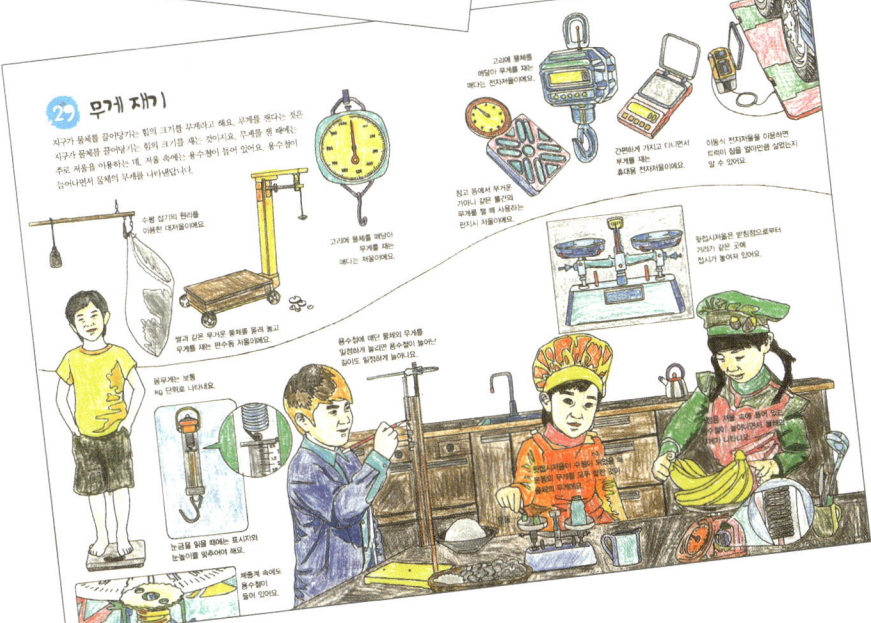

수평 잡기는 놀이에만 있는 줄
알았는데, 무게를 잴 때도
쓰인다는 것을 알 수 있었어요.
(3학년 김수민)

밤에는 그림자를 볼 수
없었는데 그게 빛과 관계있다는
것을 알 수 있었어요.
(5학년 정서연)

물도 거울이 될 수
있다는 것을 알 수 있어서
신기했어요.
(5학년 윤채영)